Lifelong learning
und Du wirst unschlagbar

Mein aufrichtiger Dank gilt

Gisela Nehrbaß

Ohne ihre Beteiligung und Motivation,
wäre dieses Buch nicht entstanden

Nicole Wendschuh
Für die Satz- und Covergestaltung

Ernst Crameri

Lifelong learning und Du wirst unschlagbar

Du gehörst damit zu den Besten

Die große Frage, die letztlich über Erfolg oder Misserfolg entscheidet

Bibliografische Information der Deutschen Nationalbibliothek
Die Deutsche Nationalbibliothek verzeichnet diese Publikation in der Deutschen Nationalbibliografie; detaillierte bibliografische Daten sind im Internet über http://dnb.d-nb.de abrufbar.

Crameri-Naturkosmetik GmbH Beauty&Wellness
1. Auflage
ISBN: 978-3-86689-015-2

Inhaltsverzeichnis

Das Buch ist gewidmet

All den Menschen, die es für blödsinnig halten zu lernen, lieber ihre Zeit vor der berühmten Glotze verbringen und dabei auf das große Wunder warten. Auch den Leuten, die es erkannt haben, wie wichtig, wie es sogar das Allerwichtigste ist, entsprechend Gas zu geben und permanent in sich selbst zu investieren. Die es täglich spüren, dass es die wichtigste aller Investitionen ist, die man tätigen kann. Denn je mehr man weiß und kann, desto unentbehrlicher ist man.

Ich kann es nur jedem nahelegen, kommen Sie aus Ihrer Lethargie heraus. Gehen Sie mitten ins Leben hinein und machen eine große Meisterleistung daraus. Nutzen Sie Ihre kostbare Zeit, verplempern Sie diese nicht. Ich kann Ihnen aus meinen Leben sagen, je mehr ich gelernt habe und dann sofort in die Umsetzung gegangen bin, desto mehr habe ich verdient. Es hat hundertprozentig mit dem eigenen Wissen und Können zu tun. Wie lautet das Sprichwort

**„Je mehr Du anderen Menschen geben kannst,
desto mehr können diese Dir geben!"**

Diese Aussage finde ich absolut genial, weil sie exakt den Kern trifft. Viele glauben das leider nicht oder finden das Leben insgesamt ungerecht. Das ist ein hausgemachter Blödsinn, in der eigenen Denkweise. Das Leben ist genau das, was wir daraus machen, nicht mehr und nicht weniger. Deswegen ist es sinnvoll, dass man nicht nur einen Arbeits- und Urlaubsplan hat, sondern auch einen festen Fort- und Weiterbildungsplan.

Vorwort

Liebe Leser,

ich finde es klasse, dass Sie dieses Buch gekauft haben. Nicht weil Sie jetzt denken, dass es mich reicher macht, es geht um Ihr Bestreben. Mit welcher Zielsetzung sind Sie hier ins Rennen gegangen? Wieso haben Sie das Buch gekauft? Was ist Ihre Motivation? Alles Inputs, die Sie irgendwo dazu bewogen haben, ja zu sagen. Das Buch habe ich mit viel Liebe für Sie geschrieben. Direkt aus der eigenen Praxis und Lebenserfahrung heraus. Es spielt keine Rolle, woher Sie kommen, das ist nebensächlich. Die große Frage ist nur, wo soll Ihre Reise hingehen. Sie haben tagtäglich jede Menge Chancen und Möglichkeiten. Wie nutzen Sie diese?

Gehen Sie unbedingt weg vom Jammern und den ewigen, mehr als gerne praktizierten Opferstorys. Sie kennen es doch zur Genüge, das große Lamento von wegen alles ist so schlecht geworden und teuer, kann sich keiner leisten. Die Löhne sind auch das Letzte, dazu die vielen Arbeitslosen, welche uns begleiten, insgesamt eine schreckliche Situation. Aus meiner Sicht alles ein riesiger Quatsch. Wie kann man nur mit solchen Einstellungen durch das Leben gehen? Wo soll das hinführen? Das Ganze endet bei solcher Denkweise immer im Chaos. Kostbare Lebensenergie wird genau dadurch zerstört. Wie schade, wenn nur jeder Mensch ein wenig mehr auf seinen Wissens- und Könnensstand achten würde, hätten wir andere Resultate und vor allem mehr Zufriedenheit.

Wo wollen Sie hin, was ist für Sie wichtig? Diese Fragen können Sie nur für sich alleine beantworten. Ich kann Ihnen hier ans Herz legen, bevor Sie Geld für irgendetwas ausgeben, vorher stets zu überprüfen, brauche ich das unbedingt? Oder kann ich es auf später verschieben? Nehmen Sie einen Großteil Ihres Geldes und investieren Sie es in Ihr Wissen und Können, das hat immense Vorteile. Denn alles, was Sie intus haben, kann Ihnen kein Mensch mehr nehmen, es ist fest in Ihnen verankert. Von dort aus regelmäßig angewendet, hat es einen unschätzbaren Wert. Diesen gilt es dringend zu beachten und ihn zum Wohle aller, Kosten wieder bringend einzusetzen. Je mehr Leute Sie daran beteiligen können, desto erfolgreicher werden Sie, das können Sie überhaupt nicht verhindern.

Ich habe ein Vermögen in mich investiert und tue es immer noch, ein Vermögen an Zeit und Geld. Denken Sie daran, Sie können nie genug wissen. Je mehr Sie können, desto mehr sind Sie imstande komplexe Zusammenhänge zu erkennen und diese einzuschätzen. Respektive anderen Menschen eine wunderbare Plattform zu bieten. Denn es fehlt an Spezialisten auf dem Markt, da ist es absolut dringend, dass weitere heranwachsen. Für was werden oder sind Sie bereits Spezialist, was ist Ihr Alleinstellungsmerkmal?

In diesem Sinne wünsche ich Ihnen viel Kraft und Spaß bei der Umsetzung. Packen Sie es an und warten Sie nie wieder auf Dinge, die sich von selbst erledigen. Das Einzige, was Sie dabei verlieren, ist Ihre kostbare Zeit.

Viel Glück und Erfolg bei Ihrem Lernen.

Herzlichst

Ihr Ernst Crameri

Wie lese ich erfolgreich ein Buch

Wenn ich das den Menschen erkläre, schauen mich die meisten komisch an „Ja wie, ja was, ich lese ein Buch, wie man eben ein Buch liest." Genau das ist das Thema, wir machen viele Dinge so, wie wir diese schon immer gemacht haben. Das große Thema ist zu überprüfen, was könnte sinnvoller sein? Wo hätten wir oder ich bei einer anderen Umsetzung mehr Nutzen?

KvP der berühmte, kontinuierliche Verbesserungsprozess

Es ist das Allerwichtigste, was Sie in Ihrem Leben unbedingt einführen müssen, stets an der Ideallinie zu arbeiten. Was gut ist, daraus kann ich ohne großen Aufwand ein sehr gut machen. Daraus mache ich ein „Herausragend" und aus dem ein „Outstanding." Wir haben in jedem Sachverhalt stets eine Leistungssteigerung, da gilt es anzusetzen.

Ich muss nicht alles so lassen, wie es war

Achten Sie darauf, dass Sie die Dinge aus einer anderen Sicht betrachten. Querdenken ist absolut in und bringt wirklich tolle Veränderungen. Das Leben ist ganz klar Vielfalt und Fülle. Also sollte ich mir die Dinge auch zunutze machen. Sie bereichern sich mit solch einer Vorgehensweise und Ihr Leben wird dadurch auch spannender.

Lesen Sie das Buch nach der neuen Methode

Das ist zu schade, außer natürlich einen Roman, das ist eine andere Geschichte. Denn da wollen Sie in erster Linie entspannen und Spaß haben. Bei Sach- und Lebensbüchern, geht es um total andere Dimensionen. Sie kaufen sich ja die Bücher, um etwas zu lernen und Veränderungen herbeizuführen. Also gilt es diese Dinge festzuhalten. Daraus haben wir die Chance, es jederzeit erneut schnell nachlesen zu können. Schnelligkeit ist immer nur durch noch mehr zu ersetzen. Mit ein paar Feinheiten ist es sogar möglich, jederzeit und überall in die zügige Umsetzung zu gehen.

Teilen Sie jede Seite des Buches in eine obere und untere Hälfte

Das hat den Vorteil, dass Sie immer in der Mitte einen kurzen Halt einlegen. Fragen Sie sich auf jeder Seite konsequent

- Was war in dieser oberen Passage sehr gut
- Was kann ich für mich daraus lernen
- Was werde ich sofort umsetzen
- Wieso tue ich das

Sinn des Buches ist es, sofort das Gelesene, Erlernte in die Tat umzusetzen und anzuwenden. Leider machen wir das zu wenig, wir lesen Bücher, finden es spannend und nehmen uns vor, das Gelesene anzuwenden. Aber der Alltag ist zu stark omnipräsent und absorbiert uns viel Zeit. Dann gesellt sich noch die natürliche Vergesslichkeitsquote hinzu und schon war es das.

Schreiben Sie Ihre Inputs auf

Wer schreibt, der bleibt, das ist eine uralte Regel, dies wird sich nie ändern. Wenn wir die Dinge schriftlich festhalten, haben wir die Chance, es immer wieder zu überprüfen. Änderungen vorzunehmen und unseren Fortschritt zu dokumentieren. Das ist ein wichtiger Akt in der Weiterentwicklung. So haben wir im oberen weißen Feld die Inputs und von der zweiten Hälfte des Buches, im unteren Bereich.

Am Ende des Kapitels ziehen Sie die fünf Punkte zusammen

Das hat den Vorteil der sogenannten „Konzentration auf das Wesentliche!“ Ein Buch ist auch mit Füllmaterial geschrieben, sonst würden wir nicht zu ganzen Sätzen gelangen können. Für Sie als buchstäblicher Input sind Stichwörter völlig ausreichend. Dadurch können Sie diese auch im Schnelldurchgang lesen und erneut in Ihr Gedächtnis rufen.

Wenn ein Kapitel zu Ende ist, beschriften Sie kleine Kärtchen

Beschriften Sie diese Kärtchen mit den fünf wichtigsten Inputs, aus dem vorausgegangen Kapitel. Diese stecken Sie in Ihre Hosentasche, Handtasche, Jacke oder Mantel. Dadurch haben Sie täglich mehrmals die Chance nachzulesen. Durch die ständige Wiederholung, wird Wirklichkeit geschaffen. Diese entsteht niemals durch nichts tun, da würde alles beim Alten bleiben. Veränderung ist per se das Leben, in seiner gesamten Fülle zu erleben, mit allem Drum und Dran. Lesen Sie diese Karten immer und immer wieder, wenn es möglich ist, sogar laut. Dadurch haben Sie den doppelten Lerneffekt, lesen und hören.

Verteilen Sie überall kleine Plakate

Dies ist eine zusätzliche Hilfe, im Büro, im Auto, in der Küche, im Schlafzimmer, im Bad und so weiter. So werden Sie jedes Mal an die wichtigen Leit- und Merksätze erinnert. Das hilft Ihnen, sich auf das Wesentliche zu konditionieren. Nur durch die ständige Wiederholung haben wir die Chance, Wesentliches zu verändern. Denn die Macht des Alltags und unsere Komfortzone machen uns sonst einen großen Strich durch die Rechnung.

Sind Sie ein Nelei oder ein Polei

Was sind Sie genau und wieso sind Sie es? Vielleicht wissen Sie bereits, was die Abkürzungen bedeuten. Nelei steht für Menschen mit einer negativen Lebenseinstellung, Polei mit einer positiven Einstellung. Was denken Sie, wer es im Leben leichter hat? Mit wem haben Sie es lieber zu tun? Ich natürlich mit Polei-Menschen. Denn der Umgang ist wesentlich schöner, erbauender und stressfreier.

Was sind Sie

Die große Frage, was sind Sie? Auf diese Frage bekomme ich oft die Antwort „Kommt darauf an!" Das halte ich für problematisch. Denn wenn es darauf ankommt, sind wir genau im Bereich der Abhängigkeit. Wenn die anderen gut drauf sind, sind Sie es auch. Sollte das Gegenteil der Fall sein, was fast immer so ist, dann geht es Ihnen auch schlecht.

Was ist ein Nelei

Menschen mit dieser Einstellung tun sich im Leben schwer, das ist schade und sogar unnötig. Sie sehen in fast allem das Negative und sind überrascht, wenn sie es erleben. Da wird schnell von der großen Ungerechtigkeit gesprochen. Das ist traurig, dass man sich diese Einstellung zur Lebensmaxime macht. Das Leben ist in jeder Hinsicht Fülle und bestimmt nicht Mangel. Leider ist es den Menschen nicht bewusst, sie sehen in allem das Schreckliche. Unterhalten sich mit ihresgleichen und die Spirale des Negativen, dreht sich immer schneller und schneller. Ein Entrinnen ist kaum mehr möglich. Hier sind klare Entscheidungen erforderlich, um überhaupt jemals da raus zu kommen. Dann bedingt es eines intensiven Trainings, welches ein Leben lang eingesetzt wird.

Was ist ein Polei

Menschen mit dieser Einstellung, gehen locker und leicht durch die Welt. Ihnen fällt buchstäblich alles in den Schoß. Das ist dann das Phänomen, wo Außenstehende erwähnen „Ich habe so viel Pech und die oder der andere, schwebt förmlich im Glück!" Eine schreckliche Situation, die zum untragbaren Instrument für die Negativis wird. Dabei bedarf es nur einer geistigen Umstellung. Ein Konsequentes dran bleiben und die Dinge laufen. Ein Polei freut sich seines Lebens und an all den Facetten, welche es bietet. Aus Problemen heraus wird gleich in die Lösung gegangen. Das Wort „Jammern" ist überhaupt nicht existent. Die Leichtigkeit des Seins wird in allen Belangen voll und ganz gelebt.

Sie haben die volle Entscheidungsfreiheit

Diese gilt es zu nutzen. Das wäre sonst so, wie wenn Sie mit einem Ferrari morgens im ersten Gang zum Brötchen holen, um den Häuserblock fahren. Irgendwann ist der Motor sauer und das war es dann. Deswegen sollten Sie sich immer über die Wahlfreiheit freuen, die Ihnen zusteht. Sie haben es in Ihrer Hand, können daraus ein riesiges Meisterwerk machen oder damit baden gehen.

Wie gehen Sie mit dem Buch um

Letztlich gibt es drei Arten von Menschen. Die Begeisterten, die es supertoll finden. Dann kommt die Gruppe der sowohl als auch Fraktion, diese wissen nie, was sie wollen. Zu guter Letzt die Negativis, die alles schlecht finden, an allem etwas auszusetzen haben. Wir leben zum guten Glück in einem Land, mit freier Meinungsäußerung und das ist traumhaft. Frage ist dabei, wie händle ich für mich die Dinge am besten, damit es passt, ich keine Stessmomente erlebe.

Das Leben ist zu kostbar

Das ist schon einmal die Ausgangsbasis. Unsere Zeit auf Erden ist limitiert. Bei unserer Geburt war gleich der Abholschein dabei. Ob leider oder nicht, daran werden wir nichts ändern können. Es ist so vorgegeben, dass wir geboren werden, dann leben wir und plötzlich heißt es adios. Dazwischen ist die Zeitspanne, wo wir eine große Meisterleistung an den Tag legen können. Schauen wir uns die drei verschiedenen Typen genauer an.

Zu welchem gehören Sie

Wenn Sie die Strukturen der drei Typen lesen, zu welchem gehören Sie? Es ist letztlich die Erweiterung des Nelei- oder Polei-Menschen. Überlegen Sie nicht lange, in Ihrem Inneren wissen Sie es ja bereits. Jetzt geht es noch weiter in die Tiefe. Manchmal kann man natürlich auch hin und her springen. Tendenziell gehört man jedoch zu einer dieser drei Gruppen.

Begeisterungs-Typ

Ich gehöre absolut zu diesen Menschen und bin froh darüber. Begeistert und wie die Schweizer treffend sagen, aufgestellt bin ich unterwegs und freue mich meines Lebens. Jeder Tag birgt jede Menge neuer Chancen, packen wir diese beim Schopf. Das ist meine Devise und damit fahre ich supergut. Beim Bücherlesen gehe ich auch so ans Werk. Freue mich über die Inhalte, wenn es mit meinem Sein konform geht. Es passiert mir dabei öfters, dass ich ein Buch in der Hand halte, welches nicht auf meiner Wellenlänge liegt. Sei es, dass der Inhalt für mich nicht verständlich und anwendbar ist oder der Schreibstil des Autors gefällt mir nicht. Das ist für mich weiters nicht tragisch, ich lege dann das Buch auf die Seite. Ein paar Tage später probiere ich es erneut. Manchmal läuft es da besser, wenn nein, verschenke ich dieses Buch. Es gibt sicherlich Menschen, die sich darüber freuen und es gerne lesen.

Na-ja-Typ

Das sind Menschen, die permanent am Zaudern und Zögern sind. Na ja, das Buch ist nicht schlecht, aber............! So weder noch, hin- und hergerissen, dies ist eine ungute Variante. Die Tendenz, dass diese Typen abrutschen, ist relativ groß und das ist schade. Wenn Sie dazu gehören, kommen Sie zu einer Entscheidung. Sie tun sich damit den größten Gefallen, denn bei diesem Vorgang tritt endlich Ruhe ein. Sie sind niemals wieder hin- oder hergerissen.

Igitt-Typ

Für mich sind das die schlimmsten Typen. Wenn etwas nicht gefällt, hat man halt einen Fehlkauf getätigt und damit hat es sich. Was soll denn das Ganze? Diese Typen fangen dann erst recht an aufzudrehen. Nach dem Prinzip „Juhuiii, endlich habe ich wieder etwas gefunden, wo ich mich ausleben kann. Ich habe doch sonst in meinem Leben keine vernünftigen Aufgaben. So kann ich mich wenigstens jetzt ausleben. Zum guten Glück gibt es dieses Werk!" Dann legen sie los, es wird mit Hinz und Kunz darüber diskutiert. Man stürzt sich auf Foren, um das Spiel fortzusetzen, schreibt wie wild Rezessionen, hat so wenigstens auch mal etwas zu sagen. Da gibt es dann noch solche Firmen wie Amazon, die ein Punkte-System eingebaut haben. Dadurch kann man sich in einen sportlichen

Bereich hineinbegeben und Sorge tragen, dass man möglichst weit vorankommt. Was passiert bei der Sache, kostbarste Lebenszeit wird kaputtgemacht. Was und wem nützt es? Denn das Buch ist ja bereits auf dem Markt, folglich kann man nichts daran ändern. Und wie manche mir sagen, ich werde darauf achten, dass keiner mehr den Schwachsinn liest, denen möchte ich sagen „Es ist nichts so alt wie die Meldung von gestern.“

Was ist zu tun

Haben Sie Spaß am Buch, wunderbar. Wenn Sie noch nicht sicher sind, lassen Sie das Buch einige Tage liegen. Wenn es nicht passt, verabschieden Sie sich davon. Was wollen Sie da noch lange Zeile für Zeile durchlesen und sich echauffieren? Das ist doch verrückt, dies zu tun. Das Buch hat jetzt zum Beispiel € 19,80 gekostet. Sie haben doch schon für viel dümmeres Geld ausgegeben? Hier an die Raucher, das sind gerade mal fast drei Schachteln Zigaretten. Oder für die Latte macchiato Trinker, je nachdem wo Sie wohnen, sind es 6 Latte. Denken Sie dabei an Ihre kostbare Lebensenergie. Das ist das „A und O“ dieses auf einem hohen Level zu halten. Also passen Sie gut auf sich auf, Sie schaden sich nur selbst dabei.

Wieso ist lifelong learning wichtig

Lebenslanges Lernen als der schönste Moment, in Ihrem kostbaren Leben. Die meisten Leute sind sich dessen leider überhaupt nicht bewusst, was dies bedeutet. Voll und ganz sich dem Lernen hinzugeben und das Erlernte sofort entsprechend mit Erfolg umzusetzen. Das ist für mich persönlich ein traumhafter und vor allem sehr erhabener Moment.

Für viele ist lernen ein Graus

Nun denn, ich kann es nachvollziehen. Denn die Erfahrungen, die wir alle machen durften, waren nicht gut. Von Lehrern beschäftigt zu werden, die oft voller Unlust sind und einem viel Lebensfernes beigebracht haben. Zu unserer Zeit noch mit der Prügelstrafe. Ich für meinen Teil war überglücklich, dem Moloch Schule entkommen zu sein. Was für ein tolles Leben danach. Während der Ausbildung hat es mir richtig Spaß gemacht, weil wir Lehrer aus dem täglichen Leben hatten. Das war cool und ich habe die Ausbildung, mit einer Auszeichnung abgeschlossen.

Wo soll es hingehen

Nach der Ausbildung dachte ich im ersten Moment „So jetzt hast du es gepackt, nun geht die Post ab. Endlich verdienst du richtig Geld!“ Das waren meine Grundgedanken und dann durfte ich feststellen, dass dem leider nicht so war. Eine damals eher unschöne Erfahrung. So fragte ich mich dann einige Male, wieso das jetzt dennoch so auseinanderklafft, ich konnte es nicht verstehen.

Das soll ein Leben lang so sein

Der Gedanke ließ mich nicht mehr los, er fesselte und erschütterte mich. Ich fand das äußerst uncool. Ich sprach mit etlichen Menschen, die älter waren als ich und schon viele Berufsjahre hinter sich hatten. Was war der große Tenor, damals schon vor mehr als 40 Jahren „Komm sei zufrieden, suche dir eine Arbeit und dann bleibe dabei. Denn es ist heutzutage nicht einfach, eine gute Stelle zu finden!“ Deswegen blieben die meisten im Betrieb, wo sie gelernt haben. Wenn ich mir vorstellte, dass ich das noch so circa 40 Jahre tun sollte, oh je, oh je, da war ich alles andere als begeistert.

Ich machte mich auf die Suche

Wo soll es denn hingehen, war für mich die primäre Frage. Dabei stellte ich fest, dass ich keine Lust hatte, mein gesamtes Leben den Beruf auszuüben. Das war die eine Seite der Medaille, die zweite war mein Verdienst. Meine Ansprüche und Visionen waren weit davon entfernt, das hätte mich unglücklich gemacht. Also blieb nur eines übrig, mich auf den Weg zu machen. Da stellte ich schnell fest, dass es für mich in dieser Art nicht weiter ging, eine schreckliche Erkenntnis. Da sollte ich mich jetzt hineinfügen? Nie und nimmer, dazu war ich nicht auf dieser Welt.

Mir wurde klar, keine Qualifikation

Ohne eine vernünftige Qualifikation, war es bereits im Vorfeld zum Scheitern verurteilt, da gab es keine Chance, unmöglich weiter zu kommen. Alles war nur eine Farce, was da geschieht. Ich fing an, erfolgreiche Menschen zu studieren. Wie kamen die Leute zu so außergewöhnlichen Ergebnissen? Was zeichnet diese aus? Beigebracht hat man uns damals, dass sowieso alles nur erlogen und ergaunert ist. Also mit Rechtschaffenheit war kein Sieg zu holen. Das war die Ausgangsbasis, keine sehr schöne. Weder so zu bleiben, wie ich damals war oder mich hundertprozentig der Arbeit zu widmen und den Aufgaben zu stellen.

Wer nicht lernt, hat im Vorfeld verloren

Die meisten haben permanent von der großen Ungerechtigkeit geredet. Ich merkte jedoch schnell, wenn ich nichts dazu lerne, bleibt alles beim Alten. Aber das war nicht mehr mein Leben, ich hatte mir alles anders vorgestellt. Da bin ich meinen Eltern heute noch dankbar, denn sie sind für mich die Vorbilder, wie ich es bitte schön nicht wollte. Deswegen war mir klar, wenn ich mehr möchte, muss ich mehr leisten und die Dinge anders machen.

Es dauerte lange

Ich war natürlich der Meinung, dass es schneller gehen wird. Einmal kurz etwas gelernt und ab geht die Post. Aber erst im Laufe der Zeit habe ich festgestellt, dass womöglich doch nur ein lebenslanges Lernen dazugehört, um entsprechend anders vorgehen zu können. So war und ist es heute noch unendlich wichtig, ein klares Ziel vor Augen zu haben.

Wir leben im Informationszeitalter

Wir sind im Informationszeitalter angekommen. Dies gilt es zu nutzen, und sich den Gegebenheiten zu stellen. Das Ganze ist keine Frage von Lust oder Unlust, es ist ein absolutes Muss. Da haben wir einmal den Moment der Anpassung, der sogenannten Adaption. Wenn uns das gut gelingt, wunderbar, dann sind wir voll und ganz mit dabei. Wenn nein, kippt das System. Verschließen Sie sich nicht vor diesem Zeitalter, es ist nie zu spät, etwas Neues zu lernen und auch damit anzufangen.

Anpassen oder Untergehen

Die meisten lieben es, genau darüber zu polemisieren. Ob das jetzt gut ist oder nicht, die Welt ungerecht wäre und weitere nette, jedoch kontraproduktive Aussagen. Was bringt es, wem nützt es? Die Welt ist so, wie sie ist. Wir sind nun einmal genau im Informationszeitalter angekommen, da nützt es nichts, nach hinten zu schauen und die angeblich heile Welt von damals hoch zu stilisieren. Die Sprüche von wegen „Früher war alles besser" sind ein Schwachsinn. Ich bin der Meinung, heute ist alles viel einfacher.

Was habe ich für eine Einstellung

Was haben Sie für eine Einstellung zu der gesamten Sache? Wie gehen Sie damit um? Was ist Ihre Zielsetzung? Wofür stehen Sie? Auf die Einstellung kommt es an und damit auch, um deren konsequente Umsetzung. Es gibt nach wie vor Menschen, die zu der neuen Zeit kein Feeling haben, das ist sehr schade und töricht. Folglich aufpassen, dass man den Zug nicht verpasst.

Wer im Berufsleben steht

Da ist es besonders wichtig, wie man unterwegs ist. Letztlich werden nur die eine optimale Stelle mit Erfolg leiten, oder selbstständig sein, die taff unterwegs sind. Jeder hat die freie Wahl, wo er hin will. Was möchte er gerne tun? Was bringt ihm das? Egal, welche Positionen Sie innehaben, bleiben Sie wachsam. Lernen Sie, was das Zeug hält, wenn Sie es nicht tun, werden es andere machen und die Wahrscheinlichkeit, dass man schnell vom Fenster weg ist, ist groß. Also aufgepasst und wachsam sein.

Informationen schnell zu händeln, ist das Thema

Heute geht es in erster Linie um Schnelligkeit. Wer zu langsam ist, hat verloren. Das ist schade und vor allem unnötig. Folglich aufpassen und zügig voranschreiten. Schauen wir uns die Stationen von früher und heute an.

Früher	**Heute**
• Schreibmaschine	• Computer
• Brief verschickt	• E-Mail verschicken
• 2 - 3 Tage später beim Empfänger	• Sofort Rückantwort
• 2 - 3 Tage später ein Feedback	
ca. 6 Tage Dauer	Innerhalb von Minuten

Das ist das heutige Tempo, ob man es für gut halten mag oder nicht. Man muss Schritt halten, sonst geht man unter. Also können und sollten wir uns nicht dagegen wehren.

Die Schulbildung reicht nicht mehr aus

Früher dachte man, die Schule absolviert und fertig. Das hat im Agrarzeitalter ausgereicht, im Industriezeitalter musste schon mehr her. Da ging es um viel komplexere Zusammenhänge, also musste man sich intensiver einsetzen. Wo wir jetzt angekommen sind, da herrschen total andere Gesetze.

Was lernen wir in der Schule

Das ist eine berechtigte Frage, was lernen wir dort? Wie viel dieser Zeit ist mit Effizienz verbunden? Unglaublich, welcher Aufwand da betrieben wird, mit oft differenzierten Ergebnissen. Wenn ich an meine Schulzeit denke, kann ich rückblickend sagen, 10% davon konnte ich für mein Leben mitnehmen. Alles andere muss ich mit einem Fragezeichen versehen. Nun, zugute halten könnte ich die Theorie, der berühmten Allgemeinbildung. Jedoch so richtig fürs Leben, habe ich erst später gelernt, auf die Dinge, auf die es ankommt.

- Erfolgsmechanismen
- Selbstständigkeit
- Selbstbewusstsein
- Durchhaltevermögen

Erfolgsmechanismen

Wie komme ich zum Erfolg? Wie erreiche ich das, was ich will? Wie setze ich die richtigen Ziele? Wer kann mir dabei helfen? Die Erfolgsformel, um mit Elan die wesentlichen Dinge umzusetzen. Leider war davon in der Schule nur wenig von diesem Unterrichtsstoff vorhanden. Dabei sind es gerade diese Mechanismen, die von großer Bedeutung sind. Aber woher sollen es die Lehrer auch wissen?

Selbstständigkeit
Das Thema per se, wie gehe ich mit meiner Selbstständigkeit um? Wie komme ich überhaupt dahin? Wie schaffe ich es, mit dem notwendigen Elan? Wie lange muss ich durchhalten, bis es von Erfolg gekrönt ist? Alles braucht seine Zeit, manchmal wesentlich länger als gedacht.

Selbstbewusstsein
Tja, das liebe Selbstbewusstsein? Leider bringt uns die Erziehung eher das Gegenteil davon? Das Thema den anderen klein zu halten ist allgegenwärtig. Den kleinen Menschen Minderwertigkeitskomplexe reinzuhauen, da sind die Erziehungsberechtigten stark drin. Sogar meisterlich bewegen sie sich. Ich muss heute noch über den einen Lehrer schmunzeln, der stets meinte „Crameri aus dir wird nie etwas!“ Für mich war solch ein Schwachsinn „Motivation“ pur. Erheiternd, denn meine Gedanken konnte dieser gute Mann nicht lesen.

Durchhaltevermögen
Oh je, welch eine nette Geschichte. Die Tendenz steigt stark, bei der kleinsten Schwierigkeit sofort auszusteigen. Dabei ist es wichtig, dran zu bleiben und Gas zu geben. Man hat uns gesagt, dass es wichtig ist, dass wir möglichst lange in die Schule gehen. Also hatten wir da Durchhaltevermögen? Nur das war nicht freiwilliger Natur, denn die Schulpflicht hat uns dazu angehalten.

Wie war es bei Ihnen

Checken Sie mal, wie es bei Ihnen war. Was hat man Gutes vermittelt? Was war dringlich und hat Sie bis heute inspiriert? Was war die solide Grundbasis, auf der Sie heute noch aufbauen können? Ein kurzer Blick in die Vergangenheit und dann geht es wieder nach vorne in den Alltag, in der Gegenwart spielt die Musik.

Der Schule die Schuld geben

Das ist billig und einfach, viel wichtiger ist es klar Verantwortung zu übernehmen. Dies für sein Leben und alles was damit zusammenhängt. Je schneller wir dies begreifen, desto besser geht es uns. Die Schule war das, was sie war, daran können wir nichts ändern, ist Vergangenheit. Was wir jedoch im Griff haben, ist die Gegenwart. Im „Hier und Jetzt“ zu leben und den Blick in die Zukunft zu richten. Wenn wir uns daran halten und eine Meisterleistung hinlegen, haben wir gewonnen.

Was fehlt Ihnen

Haben Sie sich darüber jemals Gedanken gemacht? Gibt es in Ihrem Bildungssystem Lücken? Die Frage ist, wie gehen Sie damit um? Welche Glaubenssätze hat man Ihnen beigebracht? Was ist dadurch geschehen? In der Regel war das Thema, stets auf den Schwächen rumzureiten, das hat etlichen Leuten Freude bereitet. Den Schwächeren hat es das Leben schwer gemacht. Im Übrigen ist es aus meiner Sicht ein völliger Irrsinn, an den Schwächen rum manipulieren zu wollen. Schauen wir uns die Situation kurz an.

Sie haben eine Schwäche	-1
Sie arbeiten an dieser Schwäche	+1
Das Ergebnis ist	**0**

Was ist null? Nichts, einfach gar nichts, also was haben wir mit dieser Maßnahme erreicht? Nichts, weniger als nichts und die Befürworter würden sagen, dass wir wenigstens kein Minus mehr haben. Das ist natürlich keine gute Einstellung. Sich auf die Stärken zu konzentrieren, ist jedoch der klügere Part. Es ist der absolute Königsweg.

Sie haben eine Stärke	+1
Sie arbeiten an dieser Stärke	+1
Das Ergebnis ist	**+2**

Wenn ich Sie jetzt frage, was wohl besser ist, was werden Sie mir antworten? „Ist doch logisch." Richtig, es wäre logisch, wenn man es auch so machen würde. Im zweiten Fall haben wir ein sattes Plus. Mit dem gleichen Aufwand beamen wir uns auf die Stufe zwei und sind damit überdurchschnittlich gut.

Was hat man Ihnen beigebracht

Wie ist man mit Ihnen diesbezüglich umgegangen? Was hat man Ihnen erzählt? Schreiben Sie es gleich auf, auch wenn Sie vielleicht das Gefühl beschleicht, dass es Blödsinn ist. Oder Sie im Moment keine Lust dazu haben, das Ganze lieber auf später verschieben. Was war wichtig für Sie? Wieso ist das so und welche Ergebnisse haben Sie erzielt?

	Was war für Sie wichtig?	Wieso ist das so?	Ergebnis?
1.)	____________________	______________	____________
2.)	____________________	______________	____________
3.)	____________________	______________	____________
4.)	____________________	______________	____________
5.)	____________________	______________	____________
6.)	____________________	______________	____________
7.)	____________________	______________	____________

8.) ______________________ ________________ ______________

9.) ______________________ ________________ ______________

10.) _____________________ ________________ ______________

Letztlich zählen sowieso nur die Ergebnisse, alles andere ist uninteressant. Was haben Sie im Moment für ein Feeling, wenn Sie die zehn Punkte anschauen? Vielleicht sind es ja auch mehr oder womöglich weniger. Ein bisschen was haben Sie ja bereits gelernt. Nun reduzieren Sie es auf drei Punkte.

Was war für Sie wichtig? Wieso ist das so? Ergebnis?

1.) ______________________ ________________ ______________

2.) ______________________ ________________ ______________

3.) ______________________ ________________ ______________

Wie geht es Ihnen mit Ihren drei Punkten? Was empfinden Sie? Nachfolgend halten Sie Ihren wichtigsten Punkt fest.

Was war für Sie wichtig? Wieso ist das so? Ergebnis?

1.) ______________________ ________________ ______________

Ihr Hauptpoint, das Wichtigste und Größte. Bei mir war es das Schreiben, ich liebte es schon damals über alles. Obwohl ich mir in der ersten Klasse unendlich schwer damit tat. Mit dem Griffel auf der Schiefertafel, da ging manchmal eine Tafel zu Bruch und dies meistens auf meinem Kopf, dank den Lehrern. Das waren die gängigen Methoden in der Schule, Zucht und Ordnung.

Was war der Nonsens

Vielleicht fragen Sie sich, wieso das wichtig ist. Es ist die berühmte Bestandsaufnahme. Ein Spüren und Sehen können, was alles fehlt. Und langes Lernen kein Garant für Erfolg ist, in keinster Art und Weise. Leider hat sich bei uns das System entwickelt, möglichst über Jahre zu lernen und erst dann ist man gut. Ich bin der Meinung, dass man schneller vorangehen kann und muss. Gut bei Kindern, diese benötigen ihren Reifeprozess. In der Erwachsenenbildung, muss es zügig vorangehen. Denn da geht es um unsere wertvolle Lebenszeit. Diese dürfen wir nicht mit zeit- und nerventötenden Lehrstoffen verbraten. Bitte halten Sie fest, was für Sie unwichtig war, wieso und das Ergebnis daraus.

	Was war unwichtig für Sie?	**Wieso ist das so?**	**Ergebnis?**
1.)			
2.)			
3.)			
4.)			
5.)			
6.)			
7.)			
8.)			
9.)			

10.) ______________________ ________________ ______________

Als ich es das erste Mal gemacht habe, bin ich tatsächlich erschrocken. Wie viele lebensunwichtige Dinge wir lernen mussten. Kleines Beispiel, wo der Rhein genau entspringt, auf welcher Höhe, wie viel Wasser rauskommt. Welche Orte er durchfließt, bis er endlich in der Nordsee mündet, mit welcher Fließgeschwindigkeit er unterwegs ist und welche anderen Flüsse unterwegs dazu stoßen. Das waren Dinge, die haben mir für meine Fort- und Weiterentwicklung einiges gebracht. Bis heute profitiere ich noch in meinem Beruf davon. Das ist Blödsinn und so gibt es etliche Punkte, wo man wirklich riesige Fragezeichen setzen muss.

Lehrer behaupten natürlich diesbezüglich, dass man als Normalsterblicher eh keine Ahnung von der Materie hätte, das mag schon sein. Viele hatten natürlich nicht die Ehre, das Lehramt zu studieren, somit fehlt bei den meisten einiges. Dann kommt hinzu, dass die wenigsten so viel Urlaub haben, also keine lange Regenerationsphase, ein Drama auf der gesamten Linie. Man könnte natürlich hingehen und sagen, schuld sind die in Berlin. Der Kultus- oder Ausbildungsminister oder wie die Abteilung sonst heißen mag, von oben wird dirigiert. Dann kommt noch das Hoheitsrecht jedes Landes hinzu. Nachfolgend halten Sie Ihre drei dringlichsten Punkte fest.

Was war unwichtig für Sie? Wieso ist das so? Ergebnis?

1.) ______________________ ________________ ______________

2.) ______________________ ________________ ______________

3.) ______________________ ________________ ______________

Wie fühlt es sich für Sie an, nachdem Sie das Ganze auf drei Punkte reduziert haben? Jetzt kristallisieren Sie bitte Ihren Hauptpoint heraus, das ist echt spannend.

Was war unwichtig für Sie? Wieso ist das so? Ergebnis?

1.) ________________________ ________________ ______________

Für mich war es, alle Schweizer Pässe auswendig zu lernen. Ich bin mir sicher, Sie haben auch so manchen Hammer erlebt, der unvergesslich bleibt. Wir haben das jetzt festgehalten und durften feststellen, dass die Schulbildung bei weitem nicht ausreicht. Es nach der Schule, der Lehre, dem Studium oder im Beruf erst recht losgeht und dies bis ans Lebensende.

Ihr Fazit: ____

Lehre oder Studium reichen auch nicht aus

Das Thema im heutigen Informationszeitalter ist, über ein gigantisches Wissen zu verfügen, dieses permanent zu erweitern und zügig in die Anpassung zu gehen. Lehre und Studium sind häufig relativ starre Elemente. Da Änderungen herbeizuführen, scheint fast ein Ding der Unmöglichkeit zu sein, da wir lieber am Alten festhalten. Manche Lehren und Studiengänge dürfen mit einem oder sogar mehreren Fragezeichen versehen werden. Weil Praxis und Theorie auseinanderdriften.

Es geht um Ihren Erfolg

Das ist eine wichtige Botschaft, es geht in aller erster Linie um Sie. Wenn Sie sich jetzt wie so viele Menschen darauf verlassen, dass das Erlernte für alle Zeiten reicht, dies hatte früher Gültigkeit. Jedoch hat genau das keine Relevanz mehr. Von diesem Gedanken heißt es endgültig Abschied zu nehmen. Lehre und Studium kann man als die Grundübung sehen, nicht mehr und nicht weniger. Außer Sie möchten stehen bleiben, dann ist das in Ordnung.

Vor dem Studium oder der Lehre

Da muss man sich im Vorfeld seine Gedanken machen. Wo will ich hin, was ist wichtig für mich? Was führt mich wohin? Das machen aber die wenigsten. Da wird irgendetwas gelernt, um oft feststellen zu müssen, dass es nicht das Richtige war. Solch ein Vorgehen ist immens schade, denn es geht wie immer um den Zeitverlust, der dadurch entsteht.

Das Thema Masterplan ist von großer Bedeutung

Der Lebensplan, als entscheidender Faktor, um richtig voranzukommen und die entscheidenden Dinge bewegen zu können. Im Leben geht es in erster Linie immer um das Wesentliche, das ist der alles entscheidende Faktor. Im Wort „Wesentliches“ ist das Wesen enthalten.

Jetzt mache ich es halt noch fertig

Das ist eine uralte Überlieferung. Alleine die Bezeichnung „halt“ ist katastrophal und sollte man so niemals stehen lassen. Halt machen wir gar nichts. Entweder wir machen es von Herzen sehr sehr gerne oder wir lassen es. Dazwischen, so halbschwanger unterwegs zu sein, ist bescheuert. Ich werde bei den Schulungen und Coachings oft gefragt „Was mache ich?“ Über einen Masterplan lässt sich das schnell beantworten. Ohne diesen würde ich prinzipiell nichts angehen.

Wenn ich endlich weiß, wohin es geht

Dann kann ich mich explizit danach richten, weiß exakt, was mich zu meinen Zielen führt. Dadurch kann ich bereits im Vorfeld entscheiden, was mich weiterführt oder blockiert. Wo es einen Sinn gibt, Zeit, Kraft und Geld zu investieren. Die Lehre und das Studium sind für Sie da. Sie dienen als Plattform, um darauf aufzubauen, als Ausgangsbasis.

Ihre ureigene Erfolgsformel

Ich höre öfters die Menschen über das Glück reden. „Der hat halt Glück gehabt, ich habe nur Pech!“ Was ist das nur für eine komische Einstellung? Wer aufs Glück wartet, wartet eine Ewigkeit, oft sogar sein gesamtes Leben darauf, das ist doch ein schrecklicher und grausamer Zustand. Das Leben ist nie auf Glück aufzubauen, denn das klappt nicht. Es ist zuerst in unserem Kopf zu planen und zu durchdenken. Dann folgt der nächste Schritt, die sukzessive Umsetzung dessen. Stück für Stück, Tag für Tag, Woche für Woche usw.! Dazu mit einem enormen Einsatz und Durchhaltevermögen. Was ist das Endergebnis, wenn man genau auf sein Ziel hingearbeitet hat? Glück ein großartiges, raumfüllendes Glücksgefühl und eine tiefe, innere Zufriedenheit. Welch ein erfülltes und schönes Leben.

Was wollen Sie

Wenn ich auf den Seminaren und bei den Erfolgs-Coachings den Leuten diese Fragen stelle, kommen erfahrungsgemäß meist folgende Antworten zutage

„Was wollen Sie?“	„Weiß ich nicht!“
„Wer weiß es dann?“	„Weiß ich nicht!“
„Wie soll es weitergehen?“	„Weiß ich nicht!“
„Wovon träumen Sie?“	„Weiß ich nicht!“
„Wie stellen Sie sich Ihr Leben vor?“	„Weiß ich nicht!“

Oh je, oh je was für eine komische Masche, wie soll das nur enden? Das sind die Menschen, die immer frustrierter und unglücklicher durchs Leben gehen. Erstaunt sind, dass andere mehr Erfolg haben. Das sollten Sie sich schenken, denn dies führt zwangsläufig ins „Aus!“

Die Dummennummer

„Weiß ich nicht, und nochmals weiß ich nicht!" Wie kann man derart durchs Leben schreiten, alles dem Zufall zu überlassen. Zufall ist das, was einem zufällt. Wollen Sie das tatsächlich, ich glaube nicht. Auf das Schicksal zu hoffen, dass es mit einem gut meint, da warten Sie ein Leben lang vergeblich. Nehmen Sie Ihr Leben endlich in Ihre Hände, werden Sie zum Designer Ihres Lebens. Wir werden jetzt gemeinsam, das heißt, wenn Sie mitmachen und bereit sind, Schritt für Schritt voranschreiten.

Nicht lange überlegen

Wenn Sie zu den Fragen kommen, bitte nicht zu lange überlegen. Schreiben Sie alles auf, was Ihnen einfällt. Nichts an den Haaren herbei ziehen. Viele machen den Fehler, dass sie zu viel überlegen. Wer überlegt und das zu lange, hat leider verloren. Genau diese Verlierernummer sollten Sie unbedingt hinter sich lassen, es ist die blödeste aller Nummern. Diese bringt Sie in Ihrem Leben kein Stück weiter, das Gegenteil ist der Fall, es behindert Sie.

Learning by doing

Das ist die nächste Geschichte, viele möchten gerne als Perfektionisten unterwegs sein und vergessen dabei, dass auch die Menschlichkeit eine Rolle spielt. Das Problem dabei ist, dass es nur einen einzigen Moment in unserem Leben gibt, wo wir im Perfektionismus sein werden, dieser ist nach unserem Ableben.

Die Erfolgsformel

Man muss bestimmte Dinge, in der richtigen Reihenfolge tun. „System mit Konsequenz führt zwangsläufig zum Erfolg!" Das heißt, Sie können es nicht verhindern. Das ist eine wunderbare Ausgangsbasis, wenn man es erkannt hat. Die Frage ist natürlich wie immer „Wie geht das? Wie komme ich dahin?" Das ist letztlich die alles entscheidende Frage zu wissen, wie die Dinge gehen, zu laufen haben, das ist schon die halbe Miete.

Als erstes benötigen wir Ziele

Genau aus diesem Grunde funktioniert ja die berühmte „Weiß-Ich-nicht-Nummer" nicht. Wer nichts weiß, wird keine nennenswerten Ergebnisse erzielen. Da nützt alles hoffen, bangen, beten und was sonst noch an den Tag gelegt wird, in keinster Art und Weise. Also machen wir uns auf dem Weg zur Zielsuche. Denn erst wenn Sie Ihre Ziele haben, können Sie gezielt darauf aufbauen. Sonst funktioniert das leider nicht, bleibt alles bei einem frommen Wunsch. Auch wissen Sie erst dann, welche Lerneinheiten für Sie von Relevanz sind.

Die Parameter der Ziele

Es gibt klare Parameter, ohne die diese Dinge nicht funktionieren. Was ist das Thema, sich genau mit diesen zu beschäftigen, um damit zum Erfolg zu gelangen. Erfolg ist etwas Wunderbares und was daraus entsteht, ist gigantisch. Ziele müssen stets folgende Eigenschaften aufweisen

- Klarheit
- Konkretheit
- Messbarkeit
- Unmissverständlichkeit

Mit diesen vier Parametern funktioniert das ohne Probleme. Vorausgesetzt man bleibt permanent am Ball und arbeitet damit.

Einige Beispiele

Um es zu verdeutlichen, schauen wir uns einige Beispiel an. Lernen direkt aus dem Leben, ist nach wie vor die beste aller Devisen, die wir ins Feld führen können. Nachfolgend die Beispiele.

- Wohnen
- Partner
- Auto
- Geld
- Beruf
- Urlaub
- Hobby

So haben wir einen kleinen Querschnitt durchs Leben. Wir müssen ja irgendwo wohnen, ein Partner zu haben ist auch nett. Dazu das passende Auto, Geld und einen Beruf. Ab und zu wollen wir noch in Urlaub fahren und einem Hobby frönen.

Lassen Sie sich davon inspirieren

Inspiration ist die erste Geschichte, die Umsetzung daraus ist die zweite. Machen Sie sich Ihre Gedanken darüber. Sie werden einige Fragen bekommen, die Sie bitte unverzüglich beantworten. Dadurch kommt mehr Licht und Klarheit in Ihr Leben. Denn wer weiß, um was es geht, hat andere Chancen voranzukommen und sich die einzelnen Dinge leisten zu können. Denn fast alles steht in einem direkten Zusammenhang, mit dem Einsatz und Ihrem Engagement. Die von den meisten gerne zitierte Geschenknummer, wo alles von alleine läuft, ist reine Utopie.

Wo möchten Sie gerne wohnen

Was haben Sie da für Vorstellungen? Möchten Sie gerne in einer 1-Zimmer-Sozial-Wohnung in einem Block wohnen oder in einer Villa, beides ist wohnen. Jetzt werden Sie mir mit Sicherheit sagen „Ja, Moment mal, das hängt vom Geld ab, so einfach ist das nicht. Ich muss es ja auch bezahlen können!" Richtig, natürlich richtet es sich primär nach der Geldbörse. Sekundär natürlich nach Ihren Vorstellungen und Wünschen. Wenn Sie von einer Villa träumen und Ihre Geldbörse dazu nicht die Größe hat, gilt es Maßnahmen einzuleiten, damit Sie da hingelangen. Denn das ist kein Geschenk, welches sich von selbst aufbaut. Aktive Mitarbeit und dann passt es, alles andere ist vergebene Liebesmühe.

Ich würde ja schon gerne, aber

Na klar, das liebe Geld hindert einem daran, gediegen zu wohnen. Das ist fatal und zugleich blöd, wenn die Wünsche größer sind, als die Geldbörse. Jetzt gilt es eben mehr zu lernen, um dieses Mehrwissen anzubieten und daraus höhere Einnahmen zu generieren. Aber wenn Sie so weitermachen wie gewohnt, wird sich an Ihrer Einkommenssituation nichts ändern.

Es liegt wie immer in Ihrer Hand

Dies ist eine klare Größenordnung, die sich nicht wegbeamen lässt. Das würden aber viele Menschen liebend gerne tun, als ob immer die Umstände schuld sind. Wer nicht viel weiß, kann nicht viel anbieten, das ist eine uralte Regel. Wer den größeren und höheren Nutzen bietet, hat einfach mehr Erfolg. Da nützt das ganze dumme Geschwätz drum herum nichts.

Ihre Wohnart hat mit Ihrem Einkommen zu tun

Das ist die Ausgangsbasis, Frage ist nur, wo wollen Sie hin? Wie soll in Zukunft Ihre Wohnweise sein? Schreiben Sie gleich Ihre Wünsche auf, da möchte ich Sie bitten, bloß keine falsche Bescheidenheit. Denn Kleinmut und Bescheidenheit ist wahrlich keine Zierde, sondern eine große Dummheit. Wer hat denn uns so einen Schwachsinn beigebracht? Die Leute, die viel Geld verdienen oder die anderen? Die Antwort ist logisch, denn wer durch und über seine Leistungen einiges erreicht hat, wird niemals solche Dinge behaupten und erzählen. Also passen Sie gut auf sich auf, dass Sie sich nicht wieder eine Falle bauen, denn bekanntlich fällt man da selbst hinein.

Schwelgen Sie in Ihren kühnsten Träumen

Wenn ich mir Kinder anschaue, finde ich es jedes Mal ein Traum, wie diese frei von irgendwelchen einschränkenden Glaubenssätzen leben. Sie träumen völlig frei in die Welt hinein. Vielleicht erinnern Sie sich auch noch daran. Was wollten Sie damals nicht alles werden, es schien grenzenlos zu sein. Eine wundervolle Zeit, bis die klugen Erwachsenen langsam aber sicher mit Ihrer Zerstörung angefangen haben. Da gibt es eine riesige Palette von mehr als einschränkenden „dummen“ Glaubenssätzen wie

- Das tut man nicht
- Was könnten die anderen denken
- Schuster bleib bei Deinen Leisten
- Wer hoch hinaus will, der fällt tief
- Bescheidenheit ist eine Zierde und Tugend
- Man muss immer wissen, woher man kommt
- Hochmut kommt vor Fall
- Du bist zu dumm dazu
- Du wirst das nie schaffen
- Die Bonzen, dies ist das letzte Volk
- Bei den Reichen ist alles nur ergaunert und erlogen
- Lieber arm und korrekt, als reich und korrupt

- Soviel Geld kann man nicht mit Arbeit verdienen
- Nichts haben - Ruhe haben
- Ich möchte nie reich sein

Und weitere oberkluge Sprüche. Ich bin mir sicher, dass Sie solche Aussagen zur Genüge kennen. Und was hat es Ihnen bisher gebracht, doch weniger als nichts. Denn mit so einer schrägen Einstellung kommen Sie in Ihrem Leben nicht voran. Im Gegenteil, es bleibt alles beim Alten. Verabschieden Sie sich für immer davon. Beschreiten Sie neue Wege, es lohnt sich, macht frei und glücklich.

Schreiben Sie alle Ihre Wünsche auf

Notieren Sie sofort ohne eine einzige Einschränkung, was für Sie wichtig ist. Wo und wie Sie gerne wohnen würden und wieso? Bis wann Sie das erreicht haben und dann glauben Sie fest daran.

	Wie möchten Sie wohnen?	Wieso?	Wann?
1.)	______	______	______
2.)	______	______	______
3.)	______	______	______
4.)	______	______	______
5.)	______	______	______
6.)	______	______	______
7.)	______	______	______
8.)	______	______	______

9.) ______________________ ________________ ______________

10.) ______________________ ________________ ______________

Wie fühlt es sich für Sie an? Bei der Ausführung dieser Aufgabe müssten Sie Herzklopfen bekommen. Ein spannendes Gefühl und ein Größenfeeling, dass Sie zu weitaus mehr fähig sind. Hier gibt es eine wunderschöne Aussage

**„Wer klein denkt und lebt –
wird auch immer klein bleiben!"**

Folglich ändern Sie dringend Ihren Fokus. Auch wenn Ihre momentane Geldbörse noch weit davon entfernt ist, das können Sie ändern. Sie werden es jedoch nur dann schaffen, wenn Sie die nötige Plattform haben. Die da ganz klar lautet

**„Erhöhe Dein Wissen und Können und Du kannst
ab sofort, den Menschen viel mehr bieten
und damit auch geben!"**

Das verstehen leider die meisten überhaupt nicht, sie meinen alles hängt von irgendetwas ab. Viele sehen es als reine Schicksals-Geschichte, wo sie leider nichts ändern können. Denken Sie beim Blick in Ihre Geldbörse wirklich daran, Sie können es ändern. Nur zeitlich müssen Sie auch Ihr Wissen und Können verändern. Nun reduzieren Sie Ihre Wünsche auf die drei wesentlichen Bereiche, die Sie gerne hätten, um endlich so zu wohnen, dass es Ihnen vollends gut geht.

Wie möchten Sie wohnen? Wieso? Wann?

1.) ______________________ ________________ ______________

2.) ______________________ ________________ ______________

3.) ____________________ ______________ ____________

Wie ist es jetzt für Sie? Hier höre ich dann öfters, was denn der Quatsch soll? Wie sollte man sich gut fühlen, wenn man das alles noch nicht hat? Geistige Vorstellungskraft ist uns Menschen mitgegeben worden. Wir sind wirklich die einzigen Lebewesen auf dieser Erde, die darüber verfügen. Aber anscheinend wissen das die wenigsten Menschen. Da heißt es dann

„Es wäre halt schon schön!"

Es wäre nicht nur, es ist sehr schön, wenn man es denn umsetzen würde, das ist stets die große Herausforderung. Aber von alleine wird sich nichts tun. Immer in solchen Sphären denken zu müssen und die Realität vor Augen, das ist vielleicht eine völlig verrückte Welt, macht auf Dauer richtig krank. Innerlich zu spüren, dass man weitaus mehr kann, erreichen möchte und es nicht umsetzen zu können. Das ist der pure Horror derart durch die Welt gehen zu müssen. All das, weil man nicht imstande ist, aus der Begabung, die jeder Einzelne hat, zu lernen und den optimalsten Nutzen für sich und dadurch auch in direkter Verbindung, zu den Mitmenschen umzusetzen. Das ist und bleibt stets das Elementarste, also klare Ansage

„Wache endlich auf und lerne, was das Zeug hält!"

Sofort im „Hier und Jetzt" nicht wie schon so oft irgendwann. Das hört sich gut an, müsste ich auch mal tun. Ja, ich fange damit an, aber es ist nur ein frommes Wünschlein, dem keine Taten folgen. Ja, dann kommt gleich noch der berühmte „Innere Schweinehund" der von Ihnen Besitz ergriffen hat, oberklug unterwegs ist und sagt „Komm, das hast du nicht nötig. Lass dich nicht stressen, es ging doch bisher auch gut. Also beruhige dich erst mal, das kannst du doch immer noch tun" und weitere kluge Sprüche. Was machen Sie bei solchen Aussagen? Ist doch logisch, Sie freuen sich darauf, reduzieren sofort Ihre Ansprüche und sind froh, dass es anscheinend auch simpel geht. Jetzt reduzieren Sie Ihren Wohnwunsch auf den wichtigsten und brennendsten.

Wie möchten Sie wohnen?	**Wieso?**	**Wann?**
1.) ______________________	________________	______________

Haben Sie nun Ihren größten und wichtigsten Traum gefunden? Wie wundervoll diesen haben zu dürfen und noch entsprechend zu leben. Was gibt es Schöneres auf dieser Erde? Denn das Allergrößte ist wirklich seine eigenen Träume zu haben und dann auch danach zu leben.

Ihr Fazit: ____

Ihr Partner

Die meisten sind ein Leben lang am Träumen. Einen lieben Partner zu haben, welch ein gigantischer Traum. Was gibt es Schöneres, als mit dem Menschen seiner Herzenswahl zusammenleben zu dürfen. Das ist die Krönung des menschlichen Daseins oder aber die Hölle. Auch das erleben wir häufig und sind dann erstaunt. Vieles würde sich bereits im Vorfeld vermeiden lassen, wenn man ein wenig wachsamer durchs Leben spaziert. Denn die Ergebnisse sind immer nur das Resultat, der vorausgegangen Taten.

Wie soll der Partner sein

Da kommt fast immer „Lieb und treu." Na bravo und alles andere scheint völlig uninteressant zu sein? Das ist ein gefährliches Unterfangen und führt genau aus diesen Gründen permanent ins Chaos. Die meisten Streitigkeiten könnte man durch eine andere Vorgehensweise vermeiden. Wie schrecklich, wenn man blauäugig durch die Welt marschiert und danach das Elend ausbaden darf. Da ist es doch besser, sich im Vorfeld damit zu befassen.

Es gibt etliche Dinge von großer Wichtigkeit

Es gibt einen blöden, infantilen Spruch „Tja, wo die Liebe hinfällt!" Was ist denn das für eine komische Ausgangsbasis? So kann ich nicht durchs Leben gehen. Ich muss im Vorfeld wissen, was ich will und was nie wieder. Denn sonst sind diese ewigen Enttäuschungen und der daraus resultierende Frust, die Konsequenz daraus. Wie oft wollen Sie sich noch solchen Dingen hingeben? Sie kennen doch die arme Freundin, die bereits zum fünften Mal mit einem Alkoholiker verheiratet ist. Die Arme und kein Ende in Sicht. Natürlich nicht, wozu denn auch? Solange sie ihre Programme nicht ändert, ist es haargenau vorprogrammiert.

Auf was kommt es an

Hier ein kleiner Auszug aus dem wunderbaren Werk „Ein Millionär als Traumpartner!“ Da geht es um das Thema Partnerschaft in großartiger Form, für mehr Lebensfreude und Inspiration. Nachfolgend einige Fragen, welche Sie mit „Ja oder Nein“ beantworten

- Ist es Ihnen egal, ob Ihr Partner Arbeit hat oder nicht?
- Spielt die Größe eine Rolle?
- Ist das Gewicht ein Thema?
- Ist es Ihnen egal, ob er/sie reich oder arm ist?
- Sind Ihnen die Freunde egal?
- Ist es Ihnen gleichgültig, wie Ihr Partner Sex möchte?
- Ist es Ihnen gleichgültig, ob Ihr Partner eine schöne Ausdrucksweise hat?
- Ist es Ihnen gleichgültig, wie die Schwiegereltern sind?
- Spielt es für Sie eine Rolle, ob Ihr Partner fleißig ist?
- Ist es Ihnen egal, ob Ihr Partner negativ oder positiv ist?

Die Liste kann beliebig fortgesetzt werden. Da höre ich oft „Das spielt alles nur eine sekundäre Rolle. Hauptsache man liebt sich!“ Na bravo, auf welchem Stern wird denn gelebt, wenn das alles egal ist, wunderbar. Und was ist, wenn sich die erste Verliebtheit langsam verabschiedet? Ist es dann immer noch egal? Da bin ich mir nicht so sicher. Schauen wir uns die einzelnen Punkte kurz an.

Arbeit ja oder nein

Nun denn, wenn Sie genug verdienen und sich darüber freuen, dass Ihr Partner alle Zeit der Welt hat, ist es ja in Ordnung. Wenn nein, dann wird es bald in Stress ausarten, weil sich eine große Unzufriedenheit ausbreitet.

Die Größe

Es gibt große und kleine Menschen, da höre ich oft „Mir ist es egal, solange alles andere stimmt!" Super, und wie lange wird es in der Regel dauern, bis es dennoch stört? Wenn Sie Ihren tiefsten Wünschen nicht nachgehen, wird es Sie irgendwann treffen. Nehmen wir als Beispiel eine Frau und diese träumt von einem großen, staatlichen Mann. Sie hat sich aber einen Kleinen ausgesucht, die Frau wird ewig an einen großen Mann denken. Das ist nicht okay, weder sich noch dem Partner gegenüber.

Das Gewicht

Haben Sie lieber ein Leichtgewicht oder das Gegenteil davon? Auch da sollten Sie hundertprozentig zu sich stehen. Denn es soll Ihnen damit gut gehen und das ist die wichtigste Ausgangsbasis.

Reich oder arm

Eine gerne getätigte Aussage „Geld ist doch nicht alles!" Richtig, Geld ist nicht alles, nur ohne Geld ist alles nichts. Wer sagt so etwas, die Menschen die Geld haben oder die anderen? Jemand der Geld hat, würde niemals so einen Schwachsinn sagen. Aber wenn Sie hingehen und sagen „Bei mir spielt das keine Rolle, weil ich so viel Geld verdiene oder verdienen werde. Also ist es egal, was mein Partner mitbringt!" Damit wären die Fronten geklärt.

Freunde

Ein brisantes Thema, auch wenn oft gemeint wird, das ist nicht wichtig. Über eines sollten Sie sich im Klaren sein, Freunde färben ab, ob Sie das wahrhaben möchten oder nicht. Sie können mittelfristig Keile reintreiben, was auch häufig gemacht wird, aber das bringt Frust und Stress mit sich.

Sex

Darüber spricht man nicht. Super, was ist denn das für eine komische Aussage. Sex gehört zum Leben dazu und damit zur Partnerschaft. Das große Tabuthema und dann gibt es deswegen unendlichen Stress, das ist verrückt. Es gibt das Beispiel von der Gazelle und dem Elefanten, als Symbolik. Die Gazelle, für sie ist Sex nicht wichtig. Einmal im Monat ist völlig ausreichend, der Elefant möchte jedoch jeden Tag Sex haben. Am liebsten drei Mal, was passiert mit den beiden? Sie werden leider Stress bekommen. Der Elefant, für den es völlig normal ist, täglich Sex zu haben, wird die Gazelle nicht verstehen und umgekehrt. Die Gazelle fühlt sich permanent belästigt. Dadurch haben letztlich beide ein total unerfülltes Sexualleben.

Ausdrucksweise
Welche Ausdrucksweise hat Ihr Partner? Eine Edle oder benutzt er die „Fäkaliensprache?" Wenn Sie es gewohnt sind, distinguiert zu sprechen, wird Sie das stören. Sie können selbstverständlich versuchen, Ihren Partner umzupolen. Kein leichtes Unterfangen, denn die Raster, welche gesetzt sind, haben sich manifestiert, dass kaum eine Änderung möglich ist.

Schwiegereltern
„Was habe ich mit denen zu tun?" Einiges, denn die Familie Ihres Partners genießt in der Regel einen sehr hohen Stellenwert. Also werden Sie eher den Kürzeren ziehen, unterschätzen Sie bitte das Thema nie. Wenn es zur Belastung wird, verliert eine Partnerschaft an Wertigkeit.

Fleißig
Soll Ihr Partner fleißig sein oder ist Ihnen das egal? Stellen Sie sich vor, Sie sind sehr fleißig und ihm/r ist alles zu viel. Ein ewiges Gejammere und Gezedere, möchten Sie so leben? Darauf erhalte ich häufig die Antwort „Das bekomme ich in Griff, ich werde für Ordnung sorgen. Das schaue ich mir nicht lange an!" Dann viel Spaß und Freude beim Umbiegen.

Polei oder Nelei
Horror, wenn Sie Polei sind und sich mit einem Nelei abgeben.

Wenn dazu der extreme Hang zum großen Gejammere hinzukommt, ist das Bild perfekt. Es macht Ihnen das Leben schwer, dabei sollte es umgekehrt sein. Die Leichtigkeit des Seins ist gefragt und nicht umgekehrt.

Viele Faktoren, die zusammen spielen

Passen Sie gut auf und machen Sie sich bei der Partnerschaftsgeschichte nichts vor. Das Beziehungsgeflecht ist mit eines der kompliziertesten überhaupt. Wehe, wenn Sie da in Stress geraten, es wird Sie auf der ganzen Linie blockieren und das ist schade. Denn es ist Ihr kostbares Leben, und da sollte für unnötigen Stress kein Platz sein. Sie sind fleißig, möchten gerne lernen und Ihr Partner hält das für einen Schwachsinn. Beschwert sich, dass Sie zu wenig Zeit für ihn haben. Keine sehr lustige Geschichte, denn der Negative wird immer den Positiven runterziehen und niemals anders herum, weil das Negative wesentlich schwerer wiegt.

Schreiben Sie die für Sie wichtigsten Eigenschaften auf

Das große Thema ist stets, gehen Sie in die Schriftlichkeit. Überlassen Sie nie wieder etwas dem Zufall. Das ist das Schlimmste, was Sie sich antun können. Was Sie schwarz auf weiß sehen, ist jederzeit nachvollziehbar, damit können Sie umgehen, da kommen Sie klar, denn es ist überprüfbar. Vergessen Sie das niemals, machen Sie es sich zu eigen. Leider machen viele Menschen einen großen Bogen um das Thema. Schreiben Sie nun die Eigenschaften auf, die für Sie dringlich sind. Dazu wieso das so ist und ob Sie diese bereits Ihr eigen nennen können.

Die Eigenschaften?	Wieso?	Ja/Nein?
1.) ______________________	________________	______________
2.) ______________________	________________	______________

3.) ______________________ ________________ ______________

4.) ______________________ ________________ ______________

5.) ______________________ ________________ ______________

6.) ______________________ ________________ ______________

7.) ______________________ ________________ ______________

8.) ______________________ ________________ ______________

9.) ______________________ ________________ ______________

10.) _____________________ ________________ ______________

Wie fühlt es sich an? Vielleicht nervt es Sie, diese ewige Fragerei. Es ist aber das stärkste Element, denn es geht um Sie. Sie sind das Wichtigste in Ihrem Leben, auch wenn das die meisten Menschen nicht wahrhaben möchten. Es steht und fällt alles mit Ihnen. Wenn es Ihnen gut geht, geht es auch den anderen gut, wenn nein, gibt es Stress. Ihr Leben ist zu kostbar, als sich mit solchen Ungeklärtheiten zu beschäftigen. Wie ist das Verhältnis, von dem was Sie erreicht haben, zu der anderen Seite? Wenn ich das die Menschen frage, ist die Balance fast nie gegeben. Wenn Sie sich auf die drei wichtigsten Eigenschaften beschränken müssten, welche drei würden Sie spontan wählen?

Die Eigenschaften?	**Wieso?**	**Ja/Nein?**
1.) ______________________	________________	______________
2.) ______________________	________________	______________

3.) ______________________ ________________ ______________

Wie ist es jetzt für Sie? Könnten Sie damit leben? Sind Sie stark in Ihrem Sein? Oder müssten es mehr Eigenschaften sein? Wieso mache ich das mit Ihnen, frage ich Sie solche Dinge? Weil es wichtig ist, dass Sie sich entsprechend sensibilisieren. Ein Gefühl dafür bekommen und in Zukunft wirklich mehr auf sich achten. Auch da gilt das Thema, bloß keine falsche Bescheidenheit. Diese hat in Ihrem Leben nichts mehr zu suchen, denn das ist pure Dummheit.

Das Leben ist in jeder Hinsicht Fülle und diese gilt es unbedingt zu leben. Spielen wir das Spiel der Entscheidungen weiter. Denn genau damit tun sich die meisten unsagbar schwer. Eine Entscheidung zu treffen, scheint für viele Menschen eine Qual zu sein. Man könnte sich ja womöglich falsch entscheiden, das wäre schrecklich und grausam. Aus diesem Grund fällt man lieber keine Entscheidung. Aber keine Entscheidung gefällt, ist bereits eine getroffen. Jetzt reduzieren Sie es auf einen einzigen Punkt. Welche Eigenschaft muss unbedingt in Ihrer Partnerschaft vorhanden sein und wieso?

Die Eigenschaft? **Wieso?** **Ja/Nein?**

1.) ______________________ ________________ ______________

Sie haben jetzt für sich das Wichtigste klar und deutlich herauskristallisiert. Können Sie das bereits Ihr eigen nennen? Wenn ja, meinen herzlichen Glückwunsch. Wenn nein, dann geben Sie zügig Vollgas, dass Sie ins Lot kommen.

Ihr Fazit: ____

Unterschätzen Sie niemals die Kraft einer Partnerschaft

Wie Sie sich positionieren, so geht es schlussendlich mit Ihnen durchs Leben. Was es unbedingt zu vermeiden gilt, sind diese unnötigen Stressfaktoren. Das Leben bedeutet in jeder Hinsicht Entwicklung und nicht Hinderung. Nie und nimmer dürfen Sie das zulassen, Sie sind der Chef über Ihren gesamten Körper, deswegen achten Sie gut darauf. Je sorgsamer und liebevoller Sie mit ihm umgehen, desto leistungsfähiger ist Ihr Körper und dadurch natürlich auch Sie persönlich, in Ihrer Gesamtheit.

Ihr Auto

Womöglich fragen Sie sich, was das mit den Zielen zu tun hat. Ein schönes Auto ist eine wunderbare Motivation, mehr Gas zu geben. Hier höre ich oft, was das denn soll? Ein Auto wäre völlig unwichtig. Das gleiche Prinzip wie meistens, was unwichtig ist und was nicht. Wenn man dann etwas in die Tiefe geht, wird häufig genau aus diesem Uninteressanten, doch etwas sehr Interessantes.

Der erste Schritt ist Ehrlichkeit

Das ist immens wichtig, dass man endlich anfängt, ehrlich zu sein. Da frage ich stets, wofür diese schönen Autos gebaut wurden? Richtig, um damit von A nach B zu fahren. Es ist dennoch ein Unterschied, ob man im großen oder kleinen Auto unterwegs ist. Natürlich macht einem nach einigen Hunderten von Kilometern der Po ein wenig weh. Wenn jedoch in den Sitzen eine Massagefunktion, Sitzheizung oder -kühlung eingebaut ist, fühlt es sich anders und vor allem besser an. Folglich, was sollen die Sprüche, von wegen uninteressant.

Falsche Bescheidenheit

Das ist ein ungutes Thema, nochmals Bescheidenheit ist keine Zierde, sondern das Gegenteil davon. Im Laufe von vielen Jahren hat man sich zwangsläufig die Dinge abgewöhnt. Deswegen lautet es dann nur noch „Brauche ich nicht, alles unnötig, dient nur der Umweltverschmutzung!" Plus weiteren dummen Sprüchen, was soll denn das, blöd über Autos zu quatschen.

Wahrheit und Klarheit

Ein Thema, welches sich durch alle Lebensbereiche durchzieht. Es ist die Aufgabe von vielen Menschen, endlich ehrlich zu sich zu sein. Aufhören mit der großen Mogelnummer, sich selber zu belügen ist wirklich das Schlimmste, was man sich antun kann. Sie haben sich doch ein ganzes Leben lang, bleiben Sie sich unbedingt treu, dies in jeder Hinsicht. Wenn Sie das nicht tun, schaden Sie sich nur. Für Ihre Seele ist es auch nicht besonders lustig, wenn Sie solche Geschichten fahren.

Kein brauche ich nicht, sondern will ich

Gehen Sie stets differenzierter vor, als die anderen Menschen. Das Leben ist Fülle und bestimmt nicht Mangel, genau hier fängt es doch an. Jetzt fragen Sie sich sicher, was das mit „lebenslangem Lernen" zu tun hat? Viel sogar, denn einmal mehr gehören auch solche Einstellungen dazu. Wer hat Ihnen denn so etwas schon beigebracht? Die meisten erzählen lieber von der alten Sparnummer, und dass man gefälligst bescheiden sein muss. Wie dumm, wenn man nicht bereit ist, dazu zu lernen. Denn spätestens dann würde man den Irrtum erkennen. Ich finde es besonders fatal, da tritt man ins Leben hinaus und ist voller Blockaden, das ist doch der Oberhammer. Wie kann man sich nur solchen Irrtümern hingeben und sie noch als das alleinig Wahrmachende proklamieren?

Lernen Sie, was das Zeug hält

Das ist ein netter Ausspruch, nicht schlafend durch die Welt gehen und glauben, dass man genug weiß. Studieren Sie unbedingt die Erfolgsbilanzen. Machen Sie sich auf den Weg, je zügiger desto besser. Erfolg wird leider nicht in der Schule und kaum im Elternhaus vermittelt. Also bleibt nichts anderes übrig, als sich selbst auf den Weg zu machen. Wie heißt es passend

**„Der Kluge lernt von Erfolgreichen –
nur der Narr macht alles alleine!"**

Ich finde diese Aussage wunderbar, sie trifft exakt den Kern. Jetzt können Sie sich überlegen, zu welchen Sie gehören. Vielleicht finden Sie es eine Frechheit, das ist aber nicht schlimm.

Für was sind schöne Autos gebaut worden

Die Frage ist leicht zu beantworten, damit es Menschen gibt, die diese fahren. Das ist alles, was bedeutet es für Sie? Fangen Sie wieder an zu träumen, machen Sie sich auf den Weg. Wenn nicht jetzt, wann dann? Schreiben Sie auf, welches Auto Sie gerne hätten. Auch wenn nun Ihr „innerer Schweinehund" meint, dass das völlig unnötig ist. Ist es eben nicht, in keinster Art und Weise. Denken Sie an die großen Worte von Walt Disney

„If you can dream it - you can do it!"

Ich habe es bei mir selbst erlebt, genau das trifft den Nagel auf den Kopf. Nicht warten, gleich aktiv handeln, nicht irgendwann, sondern ab sofort.

Schreiben Sie Ihr Traumauto auf

Keine falsche Bescheidenheit dabei an den Tag legen. Wie oft höre ich „Ach, das wäre schon schön, aber.............!" Erzählen Sie bitte keine Märchen, was schön wäre und was nicht. Machen Sie sich endlich auf den Weg. Wenn Sie jetzt Ihr Auto zusammenstellen, bitte ohne Einschränkungen. Denken Sie dabei nicht an Ihre Finanzen. Als ich damals von meinem Traumauto geträumt habe, das war ein Audi A8, war meine Geldbörse soweit davon entfernt, wie die Erde zum Mond. Ich wusste jedoch eines, da komme ich hin, für mich war das eine feststehende Größenordnung. Für etwas anderes habe ich überhaupt keinen Raum gelassen. Zum guten Glück, denn dadurch bin ich auch das Fahrzeug gefahren. Ich kann Ihnen sagen, was für ein Traum, wenn Du endlich im Auto Deiner Träume sitzt. Jetzt stellen Sie bitte Ihr Fahrzeug so zusammen, dass es für Sie passt. Angefangen von der Farbe, Modell, Motorisierung bis hin zur Innenausstattung.

Ihr Traumauto?	**Wieso?**	**Ja/Nein?**
1.) ______________________	________________	_____________

2.) ______________________ ________________ ______________

3.) ______________________ ________________ ______________

4.) ______________________ ________________ ______________

5.) ______________________ ________________ ______________

6.) ______________________ ________________ ______________

7.) ______________________ ________________ ______________

8.) ______________________ ________________ ______________

9.) ______________________ ________________ ______________

10.) _____________________ ________________ ______________

Wie fühlt es sich für Sie an? Jetzt sagen Sie nur nicht, dass Sie keine Empfindungen dafür haben. Vor allem Frauen spielen gerne das Spiel. Wenn man ihnen dann ein paar nette Frauenautos vorstellt, sind die meisten doch nicht abgeneigt. Nun denn egal, machen Sie, was Sie wollen.

Ich stürze mich doch nicht für ein Auto in den Ruin

Oh je, oh je, was ist denn das für eine heftige Aussage. Wieso kann man sich wegen einem Auto in den Ruin stürzen, das habe ich nicht gewusst. Sie kaufen doch erst dann ein Auto, wenn Sie das Geld haben. Das ist die klare Ansage und nicht auf Pump, das tut man nicht. Folglich achtet man in erster Linie darauf, dass man anderen Menschen einen hohen Nutzen bietet, ihnen das Leben auf Erden erleichtern kann, das ist die Ausgangsbasis. Dann baut man ganz klar und konsequent sein Wissen weiter aus.

Alles nicht so einfach

Auch das ist eine gerne zitierte Aussage. Ja, was ist denn im Leben schon einfach? Wieso permanent mit Einschränkungen leben, das haben Sie nicht nötig, trennen Sie sich endgültig davon. Je schneller Sie das begriffen haben, desto besser geht es Ihnen. Desto leichter fühlen Sie sich und um so leistungsfähiger werden Sie. Denn Erfolg hat die große Eigenschaft, noch mehr Erfolg nach sich zu ziehen. Das ist eine simple Regel, dass sich Gleiches anzieht. Ist das nicht genial?

Ihr Geld

Das aktuelle Thema und zugleich das meist in den Mund genommene Wort. Geld, Geld und nochmals Geld. Denn bei dem Gedanken an Geld, denken die meisten Menschen sofort an Mangel. Es ist so, dass nur circa 2-3% sich bei Geld auf der anderen Seite der Medaille befinden. Sie dürfen sich Gedanken darüber machen, was Sie mit Geld anfangen und wie Sie es positiv anlegen. Alle anderen machen sich Gedanken darüber, wie man Monat für Monat, Jahr für Jahr über die Runden kommt.

Hier fängt das nimmer endende Thema Gerechtigkeit an

Die weitverbreitete Meinung ist, dass das Thema Geld mit Ungerechtigkeit behaftet ist. Von früh bis spät bei der Arbeit, richtig fest am Arbeiten und dann gibt es da eben die anderen. Die verdienen die Kohle im Schlaf, müssen nichts dafür tun, welch ein Irrtum, was für ein großer Aberglaube. Aber die meisten wollen es leider nicht wahrhaben. Sie sind der Meinung, dass es so ist und damit hat es sich. Also nicht nur im Geldmangel zu leben, sondern noch eine große Portion Sturheit an den Tag legen.

Das Geld steigt mit der Dienstleistung

Wir leben in der wohlbekannten deutschen Servicewüste. Den meisten ist es lästig, für andere da sein zu müssen. Anstatt zu fragen „Was kann ich für andere tun" lautet die Parole „Was können die anderen für mich tun?" Das ist natürlich eine super Ausgangsbasis, aber wahrhaftig keine gute. Sich auf andere abzustützen, macht sich nicht gut, selbst wenn viele das richtig cool finden.

Je höher der Nutzen, desto mehr Erfolg

Den nachfolgenden Satz sollten Sie sich unbedingt einige Male durchlesen und intensiv mit ihm befassen, tief in Ihrem Inneren verankern. Denn hier liegt sehr viel Wahrheitsgehalt drin. Leben Sie ab sofort nach dem Prinzip von

„Von nichts – tut sich einfach nichts!“

Eine uralte Weisheit, die heute mehr denn je ihre Gültigkeit hat. Tun Sie deshalb viel, das Richtige und Sie werden Ihren eigenen, persönlichen Erfolg nicht verhindern können. Das ist alles, aber Sie müssen anfangen, das Zepter in die Hand zu nehmen.

Welche Einstellung haben Sie zu Geld

Das ist die große Frage, wie gehen Sie in Gedanken damit um? Ist für Sie Geld gut oder das Gegenteil davon. Schauen wir uns einige dieser Aussagen an.

- Das blöde Geld
- Der schnöde Mammon
- Die Kohle reicht hinten und vorne nicht
- Scheißkohle
- Es ist zum Kotzen, mit der Kohle
- Alles dreht sich immer nur um das Geld
- Die anderen haben Kohle und ich bin eine arme Kirchenmaus

Es gibt natürlich noch weitere, komische und vor allem destruktive Aussagen. Sie sabotieren sich mit solchen Geschichten aufs Massivste, genau das sollten Sie niemals tun. Es zeugt von großer Dummheit, derart unterwegs zu sein. Das Geld ist weder gut noch schlecht. Geld ist genau das, was Sie daraus machen.

Ändern Sie unbedingt Ihre Einstellung

Das ist der erste Schritt, lernen Sie das Geld zu lieben und nie mehr zu verfluchen. Vielleicht denken Sie nun „Tja, der hat gut reden.“ Nun denn, dem war viele Jahre nicht so. Von ganz unten kommend, aus einem sogenannten soliden Elternhaus ohne Geld, sich nach oben zu beamen, eine gigantische Herausforderung. Ein unendlich großes Durchhaltevermögen an den Tag legend. Auch Sie können es schaffen, der erste Schritt ist, es zu wollen. Das ist so wichtig, denn wenn Sie nicht wollen, wird es nichts. Wenn Sie sich lieber auf der Jammernummer unterhalten möchten, werden Sie ewig im Jammertal bleiben.

Sozial unterwegs sein, geht besser mit Geld

Wie wollen Sie anderen Menschen helfen, wenn Sie selbst zu wenig haben? Wollen Sie das mit ein paar guten Worten tun? Nun denn, auch eine Möglichkeit. Was denken Sie, wird der andere dadurch satt? Ich glaube nicht, da muss dann doch auf einen größeren Geldfluss geachtet werden. Wie immer geht es über Dienstleistung und hier haben wir das Wort „Leistung" enthalten. Es geht um Leistung und nochmals Leistung.

Selbstwertigkeit

Das ist ein weiteres Thema, Ihr Selbstwert ist von großer Bedeutung. Welchen legen Sie höchstpersönlich an den Tag, wo messen Sie sich? Was bringen Sie rüber, wo führt das hin? Ihr Selbstwert entscheidet letztlich über den Nutzen, welchen Sie anbieten können. Wie immer dreht es sich explizit um das Wissen, welches Sie Ihr eigen nennen können, das ist alles. Auch ich musste das zuerst lernen und akzeptieren. In dem Moment, wo ich es begriffen habe, ging es bergauf. Denn beigebracht hatte man mir damals etwas anderes. Hier die reichen Bonzen und wir die Armen, damit wollte ich mich nie abfinden. Das war für mich schlicht und einfach inakzeptabel.

Studieren Sie erfolgreiche Menschen

Mir wurde schnell bewusst, wenn ich weiterhin so denke, wie es mir beigebracht wurde, würde sich in meinem Leben und an meiner Situation überhaupt nichts ändern, das war es dann gewesen.

Ohne „Wenn und Aber" eine klare und feststehende Größenordnung. Mein Traum war jedoch ein anderer, ich war davon beseelt an den wunderschönen Dingen, dieses Lebens zu partizipieren. Von wem kann man das besser lernen, als von Erfolgreichen. Genau die habe ich angefangen zu studieren. Dabei habe ich eines festgestellt, es wird unendlich viel gelernt. Lernen steht an oberster Stelle der Skala. Natürlich gibt es da noch weitere Parameter. Jedoch für das eigentliche Weiterkommen, gibt es nur einen Weg „Lernen, lernen, lernen und nochmals lernen!"

Ihr Beruf

Wie schaut es mit Ihrem Beruf aus? Ist das Berufung oder wurde es Ihnen nahegelegt, wie das bei einigen Leuten der Fall ist. Ein wenig Berufsberater, ein wenig die Eltern, eine freie Stelle und schon war man mitten drin. Die Frage, ob es wirklich das war, was Sie gerne wollten, wird oft total ausgeblendet. Hauptsache man hat funktioniert. Das ist verrückt und schlussendlich verletzend, sich selbst gegenüber Dinge zu tun, wo man womöglich keinen Spaß und keine Freude empfindet.

Beruf sollte Berufung sein

Nicht nach dem Prinzip „Man muss schließlich froh sein, wenn man überhaupt eine Arbeit hat.“ Solch eine Einstellung ist ungesund. Das grenzt fast an Prostitution, Dinge nur wegen dem Geld zu tun. Bitte nein, sollte das bei Ihnen der Fall sein, überdenken Sie es unbedingt, das darf nie und nimmer Ihr Motiv sein.

Tun Sie was Sie tun, von Herzen

Wenn nicht, lassen Sie es. Suchen und finden Sie heraus, was Ihnen am meisten Spaß und Freude bereitet. Da gibt es welche die behaupten, das ist mir egal, ich arbeite nicht gerne. Nun denn, von diesen Menschen gibt es sicherlich einige. Ich bin mir aber sicher, nicht unter meinen Lesern. Denn wozu sollten Sie sonst dieses Buch lesen? Denn lernen wäre ja damit auch mit harter Arbeit verbunden. Achten Sie darauf, dass Sie mit großer Begeisterung und Enthusiasmus an die Sache dran gehen. Dadurch werden Sie ein großes Meisterwerk hinlegen und einen riesen Erfolg für sich verbuchen können.

Die entscheidenden Parameter lauten

Ein wenig zu arbeiten, reicht bei weitem nicht aus, mittelmäßigkeit finden wir überall vor. Das ist nicht gut, denn damit wird sich kaum etwas bewegen, folglich heißt es taff unterwegs zu sein. Nun die drei entscheidenden Parameter.

- 100% Leistung
- 10% Extraleistung
- Herzblut

100% Leistung
Das sollte normal sein, aber ist es häufig nicht, das kennen Sie bestimmt auch. Sie gehen in ein Geschäft und können froh sein, wenn man Sie wahrnimmt, begrüßt und für Sie da ist. Das ist eine Katastrophe und solche Menschen sind dann erstaunt, dass sie weniger verdienen.

+ 10% Extraleistung
Das gehört dazu, da höre ich häufig „Ich bin doch nicht blöd. Für was soll ich mich engagieren, für den Hungerlohn!" Alles klar, zuerst haben wollen, bevor man gibt, das haut leider nicht hin. Das Prinzip kennt jeder Landwirt, zuerst steht die Aussaat an und danach folgt die Ernte. Das heißt, es muss die Saat gekauft werden, bevor man zum Säen rausfahren kann. Danach dauert es lange, bis endlich die Ernte heimgefahren werden kann. Sollten Sie diese Einstellung Ihr eigen nennen, überprüfen Sie es nochmals.

+ Herzblut
Auch Feuer der Begeisterung genannt, dies ist wichtig, dass Sie voll und ganz bei der Sache sind. Das schaffen Sie nur dann, wenn Sie tatsächlich die Dinge tun, die Ihnen Freude und Spaß bereiten. Sonst haut das leider nicht hin, wirkt alles verkrampft und vor allem unecht. Mit Herzblut geht es viel leichter und schneller.

An mir liegt es nicht

Dieser Blödsinn wird häufig erzählt, was soll das? Wo führt das hin? Ins Aus, schlicht und einfach, das lässt sich nicht verhindern. Also muss man frühzeitig entgegen steuern, dass es gar nicht so weit kommt. Natürlich liegt es an Ihnen, wenn etwas nicht gefällt, ändere ich es eben.

„In der Änderung liegt die Kraft!"

Eine optimale Aussage und Erkenntnis. Bestimmt nicht im Ausharren und Jammern, damit erreichen Sie genau das Gegenteil. Das ist schade und vor allem unnötig. Weitaus besser ist es, aufzuwachen und alles zu tun, was erforderlich ist, um die entsprechende Positionierung einnehmen zu können und auf Dauer zu halten.

Was wollen Sie

Haben Sie sich darüber schon Gedanken gemacht. Ich höre da oft, dass es auf der einen Seite nicht leicht ist. Auf der anderen, man gerne würde und am besten irgendetwas erfinden müsste. Tja, dann hätte man es gepackt, das gehört ins Land der Ammenmärchen. Wie lange es dauert, bis eine Erfindung steht und was dabei schief gelaufen ist, davon sieht man leider nichts. Denn sonst würde man sich diese Nummer für alle Zeiten schenken. Es ist weitaus klüger, intensiv in medias res zu gehen. Herauszufinden, für was und wofür man lebt, wie es weiter gehen soll. Das Leben, Ihr Leben ist zu kostbar, es einfach verstreichen zu lassen.

Schreiben Sie nachfolgend auf, was Sie gerne tun möchten

Bitte tun Sie es, selbst wenn Sie im Moment das Gefühl haben, es nicht tun zu können oder zu wollen. Das ist bescheuert, denn es geht um Sie und da sind bestimmte Dinge zu tun. Ich bin oft erstaunt, für alles hat man Zeit, aber für das eigene Leben, dies wird durch eine große Unlust gekrönt. Beim Klamottenkauf, da sind die Damen fleißig unterwegs. Genauso wie die Männer, wenn es um ihre Autos geht. Jetzt steht aber nichts Geringeres auf dem Spiel, als einen tollen Beruf auszuüben. Große Freude dabei zu empfinden und diese dann bei der täglichen Umsetzung zu investieren. Mit dem Resultat, dass man außergewöhnlich unterwegs ist. Halten Sie fest, was Sie gerne machen würden, wieso und bis wann Sie das umgesetzt haben.

Was würden Sie gerne tun?	**Wieso?**	**Bis wann?**
1.) ____________________	______________	____________
2.) ____________________	______________	____________
3.) ____________________	______________	____________
4.) ____________________	______________	____________
5.) ____________________	______________	____________
6.) ____________________	______________	____________
7.) ____________________	______________	____________
8.) ____________________	______________	____________
9.) ____________________	______________	____________
10.) ___________________	______________	____________

Bitte unterschätzen Sie niemals den Faktor, was Sie gerne tun möchten und was nicht. Das Leben als kostbarstes Element dient dazu, die richtigen Dinge mit Lebensfreude zu tun. Keine Kompromisse und Aussagen wie, besser diesen Beruf als gar keinen. Das ist fatal, wenn man derart durchs Leben geht, da müssen Sie aufpassen. Ich hoffe, dass Sie Ihre zehn Punkte ausgefüllt haben. Wenn es weniger sein sollten, arbeiten Sie bitte erneut intensiv daran, bis es passt. Geben Sie vorher nicht auf.

Das ist dringlich, denn wenn Sie aus der Fülle auswählen können, ist es leichter, wie aus dem nichts oder fast nichts. Was haben Sie für ein Feeling? Geht es Ihnen gut, wie kommen Sie mit den neuen Vorstellungen klar? Was haben Sie bisher in diese Richtung erreicht? Fehlen Ihnen noch weitere Bausteine, Puzzleteile zur Vollendung? Jetzt reduzieren Sie bitte das Ganze auf die drei wichtigsten Berufe, die Sie gerne und mit Freude ausüben möchten.

Was würden Sie gerne tun?	**Wieso?**	**Bis wann?**
1.) ____________________	________________	______________
2.) ____________________	________________	______________
3.) ____________________	________________	______________

Welch ein schöner und magischer Moment, es fast geschafft zu haben. Das ist traumhaft und vor allem hilft es uns, weiter zu kommen. Es gibt nichts Schlimmeres, als in der Unzufriedenheit zu arbeiten, das macht auf Dauer krank und gereizt. Folglich heißt es aufpassen und alles tun, dass man nicht in das Muster reinfällt. Richtig drin, kommt man kaum wieder heraus, das ist doch verrückt, wenn man solche Dinge über sich ergehen lässt. Wenn Sie nun einen einzigen Beruf wählen dürften, welchen von den Dreien würden Sie auswählen? Wo schlägt Ihr Herz höher?

Was würden Sie gerne tun?	**Wieso?**	**Bis wann?**
1.) ____________________	________________	______________

Wie geht es Ihnen, wo Sie Ihren Traumberuf vor Augen haben? Geht es Ihnen gut oder sogar super? Haben Sie starkes Herzklopfen? Fühlen Sie sich tausendprozentig identifiziert und bestätigt? Bei dem Gedanken an den wunderbaren Beruf, müsste Ihnen das Herz aufgehen und um einiges höher schlagen. Sie müssten im Flow, das heißt, sich in der Leichtigkeit des Seins befinden, wo alles von selbst läuft.

Ihr Fazit: ____

Ihr Urlaub

Fast alle nennen es die schönste Jahreszeit. Na bravo, diese Aussage finde ich verrückt. Wie kann man solch einen Schwachsinn behaupten, was ist dann mit dem Rest vom Jahr? Hat dieser Zeitraum keine Lebensqualität? Kann man da nicht auch traumhafte Magic Moments in sein Leben einbauen, die einem beflügeln und beseelen? Das ist doch ein sehr komisches Leben. Da lebt man fast 46 Wochen pro Jahr, um die sechs besten Wochen sein eigen nennen zu können. Ist das normal, ich glaube nicht.

Urlaub ist schön, aber nicht das Allerwichtigste

Das ist fatal, so durchs Leben zu gehen, dann überdenken Sie es bitte nochmals. Denn das ist nicht optimal, jeder Tag muss letztlich für Sie wie Urlaub sein. Sodass Sie sich voll und ganz darin wieder finden. Da bedingt es natürlich genau das, was wir im vorherigen Kapitel hatten, dass Sie sich voll und ganz wohlfühlen, es Ihnen traumhaft gut geht damit.

Was machen Sie in Ihrem Urlaub am liebsten

Wie gut, wenn man in einer Partnerschaft gleicher Meinung sein kann, beide das selbe Ziel haben. Wenn nicht, ist der Stress vorprogrammiert und davon muss man unbedingt wegkommen, weil es einem nicht gut tut. Was heißt das für Sie? Sehr wachsam durchs Leben zu schreiten, stets die einzelnen Aspekte unter Kontrolle haltend. Diese zusammen ergeben das Große und Ganze, in unserem Fall Ihren Traumurlaub.

Gehen Sie lieber ans Meer, in die Berge, lernen Sie gerne im Urlaub? Oder, oder, es gibt unendlich viele Möglichkeiten und Varianten. Jeden Tag eine neue Chance, sich um den Urlaub Gedanken zu machen, um dann eine Entscheidung zu fällen. Wenn Sie die Chance haben, mehrere Dinge miteinander zu verbinden, sollten Sie es unbedingt tun. Ich lerne zum Beispiel gerne in meinem Urlaub und kann das oft noch steuerlich absetzen.

Ist es sinnvoll dazu zu lernen

Ich finde unbedingt, denn es ist der einzige Bereich, wo wir uns frei entscheiden können, es zu tun oder zu lassen. Erfolgreiche nutzen ihre Zeit, denn sie ist das Kostbarste, was wir als Mensch besitzen können. Also achten Sie darauf, dass Sie aus dem Urlaub mit neuen Erkenntnissen zurückkehren. Alles, was dazu dient, sich das Leben zu vereinfachen, sollte man tun, sonst wäre man ja in der Tat ein Narr.

Urlaub dient der Erholung

Das ist völlig korrekt, er dient dem Körper, der Seele und dem Geiste zu entspannen. Zur Ruhe zu kommen, neue Energie und Power zu tanken. Seele baumeln lassen, als große Devise. Dann kommt die totale Entspannung für den Körper und zu guter Letzt ist diese für den Geist immer Inspiration. Wenn der Geist nicht mehr gefordert ist, baut er innerhalb von kurzer Zeit massiv ab, einige merken es nicht einmal. Für die ist alles dermaßen selbstverständlich geworden. Eine Abstumpfung ist schlimm, das ist schade und dies sollte man sich nicht geben.

Ihr Hobby

Hobby als Entspannung, das finde ich immer so nett, wenn die Menschen behaupten, dass sie unbedingt ein Hobby benötigen, um sich von dem anstrengenden Alltag zu erholen, endlich in die wohl verdiente Entspannung zu kommen. Das ist insofern sehr schade, denn es geht auch einfacher. Wesentlich wichtiger wäre es, sich insgesamt auf dem Level der Entspannung zu bewegen. In Ihrem Leben ist ab sofort Anspannung und Entspannung angesagt, dadurch kommen Sie Ihren Zielen ein großes Stück näher. Durch diese Lebensweise werden Sie alles lockerer meistern.

Hobby als Beruf

Das ist die krönende Nummer, einen Beruf auszuüben, wo es einem supergut geht. Die Chance überhaupt etwas bekommen zu haben, stumpft die Leute entsprechend ab. Genau das gilt es unter allen Umständen zu verhindern. Wie oft höre ich „Ach, es wäre wunderbar, wenn ich mein Hobby zum Beruf machen könnte. Das würde mir viel Freude bereiten." Dies wäre nicht nur wunderbar, es ist in der Tat wunderbar. Endlich das zu tun, was Spaß und Freude bereitet. Das ist ein großartiger Traum, den man nicht aus den Augen verlieren darf, denn es ist die Erfüllung des menschlichen Daseins.

Was ist oder sind Ihre Hobbys

Das Ganze wollen wir intensiver angehen, denn es ist ein wichtiger Punkt in Ihrem Leben. Eines hat sich gezeigt, wer sich mit seinem Hobby in die richtige Arbeit stürzt, ist wesentlich mehr bei der Sache und dadurch auch erfolgreicher. Genau da gilt es hinzukommen. Halten Sie schwarz auf weiß fest, welche Hobbys Sie betreiben, wieso und seit wann.

Ihre Hobbys?	Wieso?	Seit wann?
1.)		
2.)		
3.)		
4.)		
5.)		
6.)		
7.)		
8.)		
9.)		
10.)		

Wie viele Hobbys üben Sie aus, eines oder mehrere? Wenn Sie darüber nachdenken, was kann man in einen Beruf umsetzen? Wichtig ist selbstverständlich, um heutzutage Erfolg zu haben, dass Sie Dinge anbieten, die andere nicht anbieten. Da sind wir beim USP „Unique selling proposition." Auf deutsch das berühmte Alleinstellungsmerkmal.

„Wer das tut, was alle tun, ist so viel wert wie Sand in der Wüste!"

Eine wunderbare Aussage von Brian Tracy, die uns ungemein hilft. Welchen Wert besitzt Sand in der Wüste, gar keinen. Weil es ihn in der Wüste im Übermaß gibt. Sehen Sie, so simpel ist das

Spiel, was heißt das für Sie? Gehen Sie wachsam durchs Leben, lassen Sie sich von nichts mehr ablenken. Schauen Sie weder nach rechts noch nach links. Denn Sie schaden sich dadurch am meisten, wenn Sie es den anderen nachmachen. Nachfolgend reduzieren Sie Ihre zehn Punkte auf die drei Hauptpunkte.

Ihre Hobbys?	**Wieso?**	**Seit wann?**
1.) ____________________	______________	____________
2.) ____________________	______________	____________
3.) ____________________	______________	____________

Das Thema ist einmal mehr Reduktion auf das Wesentliche, ein dringlicher Punkt, denn nur der führt zum Erfolg. Wenn ich überall unterwegs bin, dieses und jenes gut finde, wird es kompliziert. Diese Geschichte hatten wir doch schon oft genug. Andere Wege gehen, sich so positionieren, dass der Mitbewerber nicht mehr mitkommt. Jetzt gilt es Ihren Hauptpunkt zu wählen.

Ihre Hobbys?	**Wieso?**	**Seit wann?**
1.) ____________________	______________	____________

Was denken Sie, sind Sie imstande daraus ein profitables Geschäft aufzubauen? Was fehlt Ihnen dazu? Manchmal fehlt einem nur das eine oder andere kleine Modul, um loszulegen. Wenn Sie unsicher sind, lassen Sie sich von einem Erfolgscoach beraten. Das hilft Ihnen, wesentlich schneller voranzukommen.

Ihr Fazit: ____

Nach den Zielen folgt die Planung

Ziele zu haben ist wunderbar, das ist in Ordnung, da besteht jedoch die große Gefahr, dass ich mich verzettle. Also ist das Thema Reduktion auf das Wesentliche, bringen Sie es immer auf den Punkt, weniger ist in dem Fall mehr. So können Sie am Anfang Ihre Kraft voll und ganz darauf fokussieren.

Gut geplant ist halb gewonnen

Oder Planung ist das „A und O!“ Eine klasse Ausgangsbasis, um exakt darauf aufzubauen. Denn schließlich muss ich ja wissen, was zu tun ist. Ich darf nicht in der Gegend rumplämpern und meine kostbare Zeit vernichten, da heißt es tatsächlich Vollgas zu geben. Denn unser zeitlich limitiertes Leben gilt es in allen Facetten zu leben. Wenn nicht jetzt, wann dann? Auf was wollen Sie warten, auf dass sich die Zeiten ändern? Bestimmt nicht, denn das wäre ja verrückt, in dieser Art und Weise vorzugehen.

Wie muss geplant werden

Immer schriftlich, schwarz auf weiß. Da gibt es aber ein paar Spezialisten, welche behaupten, sie hätten alles im Kopf. Oh je, oh je, der arme Kopf, ihn mit solchen Dingen zu belasten. Haben Sie schon einmal einen Architekten erlebt, der alles im Kopf hat? Bestimmt nicht, jetzt können Sie natürlich behaupten, das wäre eine andere Geschichte. Nein, es ist nur noch viel komplexer, ein Haus zu bauen. Starten Sie niemals, ohne dass vorher ein schriftlicher Plan vorliegt, dieser erleichtert es voranzukommen.

Wie lange sollte es dauern

Da gibt es klare Regeln, die Planung, wir reden von der Grobplanung, muss innerhalb von wenigen Stunden fertig sein. Was länger dauert, ist im Vorfeld zum Scheitern verurteilt, kennen Sie das? Wie oft haben Sie in Ihrem Leben schon geplant? Die meisten kommen nie über die Planungsphase hinaus. Das ist sehr traurig, denn dadurch liegen auf den Friedhöfen viele unerkannte Genies, die es leider vergessen haben anzufangen. Gewinnen wird jedoch nur derjenige im Leben, der zügig anfängt.

Vergleich Landwirt

Stellen Sie sich vor, der Landwirt plant und plant, was er alles säen möchte und welch großartige Ernte er dadurch einfahren wird. Er wird jedoch nicht fertig mit der Planung, weil ihm immer wieder etwas einfällt, was er noch säen könnte. Ich bin mir hundertprozentig sicher, dass Sie auch schon einiges in Ihrem Leben geplant haben, aber das Ganze in der Planungsphase auf der Strecke geblieben ist.

Nach der Planung folgt das Tun

Machen tun, machen tun, machen tun, machen tun, die never ending Geschichte. Ohne dass Sie es umsetzen, werden Sie keine Chance haben und das ist fatal. Folglich heißt es aufpassen und nochmals aufpassen, dass man nicht in die Falle der Passivität hinein läuft. Das ist tragisch, wenn einem das passiert.

Von nichts kommt auch nichts

Da werden Dinge geplant, die sich super anhören. Weil die Planung jedoch zu lange gedauert hat, fehlt die Motivation und Power es umzusetzen. Hinzu kommen noch die schlimmen Faktoren wie Zweifel und daraus entsteht die Angst. Sie kennen es sicherlich, was die Angst verursacht, diese macht eng und führt zu einer Adrenalinausschüttung, das verengt den Fokus total. Zählt es doch zum berühmten Fluchthormon. Das war damals für unsere Ur-Ur-Ur-Vorfahren sehr gut. Denn dadurch hatten Sie Kraft und Power und konnten bei drohender Gefahr davonlaufen. Aber das funktioniert heute leider nicht mehr.

Berater, die keine Ahnung haben

Selbst ist man unsicher und fragt dann Hinz und Kunz. Nur was wissen die denn schon? Nicht gerade sehr viel und was ist das Ende, die Verunsicherung ist um so größer. Da die meisten Menschen dermaßen Neleimäßig unterwegs sind, kommt nur geistiger Müll zum Vorschein. Wunderbare Ratschläge wie

- Tue dies nicht
- Tue das nicht
- In der heutigen Zeit würde ich nichts anfangen
- Das Risiko ist viel zu hoch

- Stell dir vor, es geht daneben
- Lass es lieber
- Möchtest du nicht mehr schlafen können
- Sei doch vernünftig
- Geld ist nicht alles
- Und viele weitere Dummsprüche

Kennen Sie solche Aussagen, bestimmt, ja was erwarten Sie denn von Otto-Normalbürger? Was soll dieser Ihnen sagen? Wenn er es wüsste, wie es geht, hätte er sich schon längstens auf den Weg gemacht. Er weiß es nicht und er wird es auch nie wissen.

Fragen Sie einen Erfolgs-Coach

Gehen Sie immer zu einem Erfolgs-Coach, dieser ist neutral und nicht in irgendeiner Emotionalität mit Ihnen verbunden. Denn eines dürfen Sie nicht vergessen, Ihre Lieben könnten und würden es nicht ertragen, dass Sie durchstarten und womöglich zum Erfolg gelangen. Ich habe diesen Aspekt lange Zeit überhaupt nicht wahrgenommen. Bis ich dann genauer hingeschaut habe und in die Analyse mit über 200 Personen gegangen bin. Am liebsten war es den meisten, dass alles so bleibt, wie es ist. Bloß keine Veränderung, denn das bedeutet Stress und Disharmonie.

Was bedeutet das Wörtchen Tun

Das Wörtchen Tun ist wundervoll, beinhaltet es doch zugleich die wichtigste Aussage, die man überhaupt fällen kann. Diese sagt klar und deutlich aus

T ag
u nd
N acht

Eine bessere und deutlichere Ansage gibt es nicht. All das ist in drei Buchstaben enthalten. Wann sollst Du es tun? Tag und Nacht, von unten nach oben gelesen können wir Folgendes erkennen

T rödeln
U nnötig
N icht

Wer trödelt, hat von Anfang an verloren und wie oft wird getrödelt? Das ist Wahnsinn, ist zum großen Volkssport geworden. Nicht heute anzufangen, morgen kann man es auch noch tun. Am nächsten Tag die gleiche Geschichte und so zieht es sich ein ganzes Leben lang durch.

Passen Sie auf die Altersfalle auf

Ganz wichtig, nicht dass Sie da reinlaufen. Die sogenannte Altersfalle ist schrecklich und grausam. Sie kennen es sicherlich, oder haben es zumindest bereits gehört. Viele ältere Menschen sagen im Alter häufig

„Wenn ich das gewusst hätte."
„Das soll alles gewesen sein?"
„Hätte ich doch nur!"

Ist das nicht grausam und schrecklich, ich finde es furchtbar und es ist noch keine Ende in Sicht. Meistens kommen noch Krankheiten dazu und die berühmte Altersarmut. Damit hat sich der Kreis der Grausamkeit geschlossen.

Kontrolle

Da liegt der Hase begraben, wie es treffend lautet. Mit den Zielen klappt es, dann geht es mit der Planung los, das klappt auch noch mehr oder minder. Mit der Umsetzung wird es dann weitaus schwieriger. Spätestens bei der Kontrolle ist Ende der Fahnenstange, das ist katastrophal. Denn die Kontrolle ist genauso wichtig, wie alle anderen Positionen. Wer diese vergisst oder nicht beachtet, weiß leider nicht, ob er sich noch auf dem richtigen Pfad befindet.

Der berühmte Navigator

Das sind und waren die besonders wichtigen Leute, bei großen Transatlantiküberquerungen. Sie hatten und haben darauf geachtet, dass die Schiffe und Flugzeuge auf Kurs blieben oder bleiben, denn ohne die Position stets zu kennen, konnte/kann man leicht vom Kurs abkommen und das Chaos war/ist perfekt.

Große Firmen haben einen Controller

Es sind die meist gefürchteten Leute in einer Firma. Unangenehm bis zum geht nicht mehr. Legen Sie doch ihre Finger in jede Wunde, ihnen entgeht nichts. Sie achten darauf, dass eine Firma auf Kurs bleibt, jegliche Form der Abweichung sofort festgehalten wird. Wehe man verliert die Kontrolle, dies ist der schrecklichste Moment im Leben einer Firma. Nicht mehr zu wissen, wo man steht, weder im Betrieb, beim Team noch in der Außenwirkung. Dabei ist gerade das besonders wichtig, dadurch kann zügig und frühzeitig entgegen gewirkt werden.

Wer macht bei Ihnen das Kontrolling

Natürlich niemand, das müssen Sie selbst tun, da hört es jedoch bei den meisten auf, sie tun sich damit schwer und möchten am liebsten dem Ganzen aus dem Weg gehen. Nur nicht damit konfrontiert werden. Denn das würde bedeuten, der Wirklichkeit ins Auge schauen zu müssen. Das hassen die meisten, also machen Sie lieber einen riesigen Bogen drum herum. Aber das Spiel wie damals als Kleinkind, Hände vor die Augen zu halten und zu sagen „Mich sieht keiner, ich bin nicht da“ funktioniert leider im Erwachsenenalter nicht mehr. Da heißt es klar, den Tatsachen ins Auge zu schauen. Wieso warten und in der Hoffnung leben, dass es irgendwie gehen wird, das ist zu gefährlich.

Tägliches Kontrolling

Das muss zu einer festen Größe werden, gewöhnen Sie es sich an, permanent drauf zu schauen. Was gut war, zu wiederholen und vertiefen und was schlecht war zu eliminieren. Sie haben wirklich keine Zeit mehr zu verlieren. Am besten Sie checken es sogar von einer Arbeit zur anderen, das heißt, projektbezogen. Dann sind Sie noch taffer unterwegs und vor allem auf der sicheren Seite. Wenn Sie das nicht tun, werden Sie unnötigen Stress und Ärger Ihr eigen nennen können. Dies gilt es zu vermeiden, denn hausgemachte Probleme, sind in der Tat ein großer Blödsinn.

Checken Sie die einzelnen Positionen

Kontrolling bedeutet KvP durchzuführen. Das ist der berühmte kontinuierliche Verbesserungsprozess. Wer das tut, liegt weit vor all den anderen Mitmenschen. Wie sieht dieser aus?

Miserabel	Daraus machen wir ein	**gut**
Gut	Daraus machen wir ein	**sehr gut**
Sehr gut	Daraus machen wir ein	**Outstanding**

Wer sich an diese Formel hält, tut sich leichter. Denn es wäre ja verrückt, in der Art und Weise weiter zu leben wie bisher. Beispiel, permanent ein schlechtes Gefühl zu haben, wenn es auch anders zu handhaben ist.

Führen Sie Buch

Führen Sie genau Buch, passen Sie dabei gut auf sich auf. Wenn Sie den Faden verlieren, sind Sie buchstäblich verloren und diese Nummer sollten Sie sich schenken. Wenn Sie in der Schriftlichkeit bleiben, haben Sie stets die Kontrolle und um die geht es.

Ihre Buchhaltung

Sie können die Buchhaltung gerne outsourcen, wie es neudeutsch heißt. Jedoch die Endkontrolle müssen Sie bei sich lassen. Denn wenn Sie das nicht mehr im Griff haben, beginnt das berühmte Management by Chaos. Dazu passend die Aussage

„Sie verloren ihr Ziel aus den Augen und verdoppelten ihre Anstrengungen!"

Das finde ich gigantisch, denn wer vor lauter Bäume den Wald nicht mehr sieht, wird sich rasch verlaufen und ist verloren.

Wir leben im Jetzt

Ich bin erstaunt, wie viele das nicht checken oder checken wollen. Es gibt Tatsachen, die lassen sich nicht leugnen, denen muss man ins Auge schauen. Das Informationszeitalter bringt eine Menge Vorteile mit sich und erleichtert uns das Leben. Entweder wir passen uns an oder kommen mit der Zeit nicht mehr mit. Es ist, wie es ist und damit haben wir buchstäblich eine feststehende Größe. Bereits kleine Kinder kennen sich mit Computer und dem Internet bestens aus.

Anpassung oder Untergehen

Freie Wahl, das finde ich traumhaft, wir können ganz alleine wählen. Wir entscheiden, wie unser Leben verlaufen wird. Es ist unmöglich in unseren Breitengraden das Informationszeitalter weg zu leugnen. Es hat überall Einzug gehalten, selbst im Kinderzimmer, in der Schule, bei Friseuren oder kleinen Handwerksbetrieben. Wer heute sagt, er besitzt keinen Computer, lebt nicht mehr richtig auf dieser Erde. Es ist wichtig, darauf zu achten, ob es uns Spaß macht oder nicht, einfach mit dabei zu sein. Denn ohne Internet, eine eigene Homepage, mit all den vielen Möglichkeiten, die daraus entstehen, haben wir keine Chance, nie und nimmer. Da gibt es den passenden Spruch

„Wer nicht mit der Zeit geht, geht mit der Zeit!"

Was machen Sie damit

Das ist die Frage aller Fragen, wie gehen Sie mit dem Informationszeitalter um? Sind Sie offen dafür oder nicht? Sind für Sie nur die Spiele interessant? Wie intensiv involvieren Sie das neue Medium in Ihren Alltag? Je besser Ihnen das gelingt, desto erfolgreicher sind oder werden Sie. Halten Sie jetzt fest, was das Ganze für Sie bedeutet, wieso und seit wann das so ist. In der Regel hält dies schon sehr lange an und das macht es nicht gerade einfach. Jetzt ist die Zeit gekommen, wieder in die Schriftlichkeit zu gehen.

Wie gehen Sie damit um?	**Wieso?**	**Seit wann?**
1.) ____________	____________	____________
2.) ____________	____________	____________
3.) ____________	____________	____________
4.) ____________	____________	____________
5.) ____________	____________	____________
6.) ____________	____________	____________
7.) ____________	____________	____________
8.) ____________	____________	____________
9.) ____________	____________	____________
10.) ____________	____________	____________

Wie ist das Feeling dazu? Was machen Sie daraus? Was ist wichtig für Sie und was nicht? Wie viele Punkte haben Sie geschafft? Wie werden Sie in Zukunft damit umgehen? Soll es so weiter gehen wie bisher? Oder ist dringend eine Kursänderung vorzunehmen, damit Sie auf dem Laufenden sind? Was würde sich dadurch verändern? In welche Dimensionen würden Sie da hineinkommen? Würde das Ihr Leben entscheidend verändern? Nun die Reduktion auf die drei wichtigsten Erkenntnisse.

Wie gehen Sie damit um?	Wieso?	Seit wann?
1.) ______	______	______
2.) ______	______	______
3.) ______	______	______

Von nichts wird sich leider nichts tun, Sie müssen schon selbst ins aktive Handeln kommen. Schlimm genug, wenn man solch eine Grundeinstellung sein eigen nennt. Woher haben Sie diese erhalten? Wie kam es dazu, dass Sie sich mit so etwas rumschlagen? Am Anfang ist es fast immer von irgendwoher erworben, sei es durch Gespräche oder Prägungen. Dann wird es plötzlich zu einem Teil von einem selbst. Es fängt an sich zu manifestieren und ist fast nicht mehr regulierbar. Jetzt reduzieren Sie es auf einen einzigen Punkt.

Wie gehen Sie damit um?	Wieso?	Seit wann?
1.) ______	______	______

Was empfinden Sie, wenn Sie Ihren wichtigsten Punkt anschauen? Sind Sie erstaunt darüber? Sie müssen permanent am Wesentlichen, am einzigen Punkt arbeiten. Denn wir können unmöglich an allen Fronten gleichzeitig angreifen, da würden wir die Schlacht sofort verlieren, weil wir uns total verzetteln. Das wollen wir aber auf gar keinen Fall, deswegen erledigen wir eines nach dem anderen. Wer das begriffen hat, versteht auch, wieso erfolgreiche Menschen in einem schnellen Tempo vorankommen. Sie achten stets darauf, dass es zu Ergebnissen kommt, ohne diese können wir es glatt vergessen.

Völlig stupide und idiotisch derart vorzugehen. Denken wir da an erfolgreiche Leute, wie zum Beispiel Michael Schuhmacher. Was war sein Ziel, er wollte stets immer nur ein Ergebnis sein eigen nennen. Das war der Sieg, klar, konkret, messbar und unmissverständlich, dem hat er alles unterstellt. Wenn ihm etwas gefehlt hat, hat er sich sofort intensiv damit beschäftigt, die wichtigen Dinge unverzüglich dazu gelernt und es auch dann sofort umgesetzt. Er ist gleich zur Tat geschritten, das ist der alles entscheidende Faktor. Nur so funktioniert das Ganze und führt zum Erfolg.

Ihr Fazit: ____

Wissen ist das Thema

Wissen wird zum wertvollsten Faktor auf der Erde, ist durch nichts zu ersetzen. Achten Sie darauf, dass Sie Ihren Wissensspeicher permanent erweitern und auffüllen. Das geschieht leider nicht von selbst, da müssen Sie sich aktiv auf den Weg machen und ins Handeln kommen.

Je mehr Sie wissen

Desto mehr stellen Sie fest, dass Sie eigentlich noch gar nichts wissen. Das ist nahezu immer das Fazit, und das ist gut so, denn dadurch kommen Sie in den Bereich der Demut hinein. Demütig durchs Leben zu gehen, ist eine wunderbare Situation. Denn mit der Demut kommt auch die Dankbarkeit. Genau das fehlt den meisten Menschen, sehr sogar. Wenn wir diese Botschaft wieder erlernen, sind wir ein riesiges Stück weiter gekommen. Demut und Dankbarkeit sind ein wichtiger Bestandteil des Lebens.

Lernen Sie jeden Tag

Machen Sie es sich zur großen Lebensmaxime, dass Sie jeden Tag immer wieder aufs Neue lernen. Lassen Sie uns gemeinsam anschauen, was geschieht, wenn wir konsequent und eisern dran gehen. Das Problem hierbei ist

„Die meisten Menschen überschätzen total, was sie in kurzer Zeit erreichen können. Im Gegenzug unterschätzen sie, was sie über einen längeren Zeitraum erreichen können!"

Dies ist eine schreckliche Ausgangsbasis. Viele meinen mal schnell etwas gemacht und die Welt wird sich sofort drehen, das tut sie jedoch nicht. Es braucht absolute Konsequenz, verbunden mit viel Geduld und dann kommen die Dinge in Bewegung, alles andere kann man glatt vergessen. Leider haben die wenigsten Menschen das entsprechende Durchhaltevermögen. Die meisten Leute geben bei der kleinsten Schwierigkeit viel zu früh auf. Sie werfen sofort die berühmte Flinte in Korn.

„Wer aufgibt, hat verloren!"

Ist das nicht grausam und schrecklich? Darum machen Sie es sich zur Gewohnheit, nie, nie, nie, niemals einen einzigen Gedanken ans Aufgeben zu verschwenden. Streichen Sie das Wort bitte komplett aus Ihrem Vokabular.

Was lernen Sie noch

Ich habe bewusst geschrieben, nicht wollen, werden oder müssen, sondern ganz klar tun. Denn nur in dem Sie es tun, wird sich etwas verändern. Schreiben Sie sofort auf, was Sie lernen, wieso und bis wann. Die zeitliche Festlegung ist ein wesentlicher Faktor auf dem Weg zum großen Wissenserfolg.

Was lernen Sie?	Wieso?	Bis wann?
1.) ____________	____________	____________
2.) ____________	____________	____________
3.) ____________	____________	____________
4.) ____________	____________	____________
5.) ____________	____________	____________
6.) ____________	____________	____________
7.) ____________	____________	____________
8.) ____________	____________	____________

9.) ______________________ ________________ ______________

10.) _____________________ ________________ ______________

Als ich es das erste Mal gemacht habe, wurde es mir beinahe schlecht. So viele Punkte, die bei mir offen waren. Viel zu viele Dinge, welche mir irgendwo fehlten, die ich gerne wissen wollte. Eine immense Aufgabe, die sich aufgetan hatte. Wir können aber nicht alles auf einmal lernen wollen. Wir müssen das Ganze entsprechend auf das Wesentliche reduzieren. Welches sind Ihre drei wichtigsten Lernbereiche?

Was lernen Sie?	**Wieso?**	**Bis wann?**
1.) ______________________	________________	______________
2.) ______________________	________________	______________
3.) ______________________	________________	______________

Merken Sie was, es wird greifbarer. Genau um das geht es schlussendlich, je weniger desto besser. Es wird übersichtlich und so sollten Sie bei allen Entscheidungen in Ihrem Leben, egal welcher Natur vorgehen. Genau hinschauen, analysieren und entsprechend umsetzen. Jetzt reduzieren wir es auf einen einzigen Punkt. Was ist das Allerwichtigste, was Sie lernen wollen?

Was lernen Sie?	**Wieso?**	**Bis wann?**
1.) ______________________	________________	______________

Wie ist Ihr Empfinden? Wie gehen Sie damit um? Was ist wichtig für Sie, sehr wichtig sogar? Jetzt dürften Sie es herauskristallisiert haben. Bis wann werden Sie es umsetzen? Denken Sie unbedingt bei Ihrer Entscheidung an den Zeitfaktor. Manche Ausbildungen dauern viel zu lange. Das ist in der Erwachsenenbildung ungesund. Denn Zeit ist Geld, als klarer Faktor. Wir haben kein ewiges Leben, um womöglich Jahre oder Jahrzehnte zu lernen. Selbst wenn das einige anders sehen. Das höre ich häufig, dass nur eine langjährige Ausbildung auch Fundament hat, alles andere könnte man vergessen. Nun denn, überprüfen Sie es nochmals, ob Sie solche Glaubenssätze in Ihr Leben mit integrieren möchten.

Ihr Fazit: ____

Rein in die Unentbehrlichkeit

Wer in seinem Leben richtig Erfolg haben möchte, kommt an der Unentbehrlichkeit nicht vorbei. Was bedeutet das? Das heißt nichts anderes, als den Menschen genau das zu geben, was diese benötigen, ihnen einen hohen Nutzen bieten.

Wer sich unentbehrlich macht, wird gebraucht

Leider beachten das die meisten Menschen nicht. Wer fast blind durchs Leben wandelt, darf nicht erstaunt sein, wenn die Ergebnisse schlecht ausfallen. Da gibt es ein sehr schönes Sprichwort

„Gib den Menschen das, was sie brauchen und du machst dich unsterblich!"

Da wären wir bereits mitten in der häufig zitierten Servicewüste Deutschlands. Das Thema ist aktueller denn je und leider kein Ende in Sicht.

Vor dem Verdienen steht nach wie vor das Dienen

Das war schon immer so und wird so bleiben. Nur etliche haben da ein anderes Programm laufen, sie möchten zuerst viel verdienen und dann erst dienen. Dies haut nicht hin und das ist auch gut so. Überdenken Sie nochmals Ihre Programme. Das Wort dienen ist so weit weg und dann ist man erstaunt, wenn der Erfolg in weite Ferne rückt, es nur wenigen gelingt, richtig viel zu bewegen.

Ich will nicht schleimig sein

Diese Aussage kommt mir häufig zu Ohren, was soll denn das? Was ist das für eine komische, seltsame Art? Wenn ich nett und zuvorkommend den Menschen gegenüber bin, ist das doch eine wundervolle Eigenschaft. Das ist eine absolute Selbstverständlichkeit, die automatisch abläuft. Egal, ob ich gut drauf bin oder nicht.

Da erhalten wir sehr oft eine Rückkoppelung. Wenn die Mitmenschen gut drauf sind, bin ich es auch und umgekehrt. Das ist doch verrückt, wenn ich mich so bewege.

Was habe ich davon, wenn ich unentbehrlich bin

Diese Menschen werden wieder zu mir kommen und das steigert meinen Erfolg. Damit meine Einnahmen und dadurch schließt sich der Kreis des Erfolges. Die meisten träumen vom großen Erfolg und sind nicht bereit, sich zu bewegen. Wo das hinführt, ist altbekannt. Überdenken Sie unbedingt Ihre Dienstleistungsform. Gehen Sie neue Wege und warten Sie nie wieder, dass sich im Äußeren etwas tut.

Wo gerät das Ganze in Aktion

Doch nur da, wo wir Einsätze fahren. Folglich heißt es für Sie zu überprüfen, was Sie den Menschen anbieten können, wo Sie bereits Spezialist sind. In welcher Disziplin Sie sich hier bewegen. Was für Sie entscheidend ist, den wichtigen Vorsprung zu schaffen. In dem Wort ist der Sprung enthalten, das Weiterkommen. Alles, was Ihnen fehlt, lernen Sie es. Holen Sie sich einen Coach, nicht irgendeinen, sondern einen Erfolgs-Coach, der um die Erfolgsmechanismen weiß. Er wird Ihnen zusätzlich zeigen können, wie man vorankommt.

Was soll ich lernen

Das werde ich oft gefragt, was soll ich lernen? Mein Gott, da gibt es eine Menge Varianten, Kreativität ist gefragt und daraus entsteht neue Dynamik, aber nicht von alleine. Ich muss mich leider wiederholen, weil oft davon geträumt wird, dass wir uns bereits in Schlaraffia befinden, es buchstäblich geschafft haben. Das wird erst dann soweit sein, wenn wir das Zeitliche gesegnet haben, vorher ist es leider nicht möglich.

An was haben Sie Spaß und Freude

Das müssen Sie überprüfen, denn Dinge zu lernen, die einem keine Freude bereiten, ist dumm. Damit würden Sie sich nur unnötig schwer tun, da müssen Sie unbedingt aus der Falle ausbrechen. Was Spaß macht, führt in die Leichtigkeit des Seins. Wenn es ins Gegenteil ausartet, führt es in die andere Richtung.

Gibt Kraft oder kostet Kraft

Es geht um den berühmten Energiehaushalt. Je mehr Energie Sie haben, desto leistungsfähiger sind Sie. Je weniger, desto schwieriger wird es. Für Sie gibt es einen schnellen und einfachen Parameter. Stellen Sie sich bei allem was Sie tun, folgende Fragen, bevor Sie funktionieren

**„Führt mich das zu meinem Ziel
oder von meinem Ziel weg!"**

Die nächste Frage ist genau so schnell zu beantworten und lautet

„Gibt mir das Energie oder kostet mich das Energie?"

Dadurch haben Sie die Antwort und können sich hundertprozentig danach richten. Wichtig ist sich auch daran zu halten und es konsequent umzusetzen.

Diese ewigen Entscheidungen

Kein leichtes Unterfangen, taff unterwegs zu sein. Aufs Neue zu überprüfen, was benötige ich? Was ist wichtig für mich? Denn im Wort Entscheidung ist das Ende enthalten und die Scheidung, das ist eine feststehende Größenordnung. Quo vadis, wohin geht die Reise? Je mehr Sie Ihren Entscheidungsmuskel trainieren, desto leichter wird es Ihnen fallen.

Eine große Reise beginnt mit dem ersten Schritt

Bevor Sie sich jetzt die Kopfzerbrecher-Nummer geben, fangen Sie einfach an. Getreu der für mich absolut coolen Devise von

„Just do it!"

Tue es und warte nicht, leider hat man uns das in der Erziehung zu wenig beigebracht. Da war das Thema, der reiflichen Überlegung. Des genauen Prüfens, Abwägens und zwangsläufig auch des ewigen Wartens. Warten ist jedoch ein schlechter Ratgeber, denn er führt direkt ins Leere. Alles, worauf man zu lange wartet, hat die Tendenz, sich nicht zu erfüllen. Das ist schade, denn das menschliche Leben ist auf Lebensfreude und -größe aufgebaut.

Was ist, wenn ich es nicht schaffe

Diese Frage wird mir öfters gestellt. Wie kann man bereits von Anbeginn an so etwas denken? Dies ist idiotisch, im höchsten Maße unprofessionell. Wenn ich mit solchen Gedanken anfange, kann ich es auch lassen, das wird nichts werden. Genauso wie die nächste Nummer des Probierens.

Dann probiere ich es halt mal

Kennen Sie diesen gerne in den Mund genommenen Spruch? Das sind die schlimmsten Selbstsabotage-Angriffe. Probieren kann ich ein Glas Wein, ein Stück Kuchen, jedoch niemals den Lebenserfolg, das haut nicht hin. Da muss man besonders aufpassen, wenn man so unterwegs ist, sind die Resultate alles andere als positiver Natur. Entweder Sie sind bereit eine große Meisterleistung an den Tag zu legen, oder Sie lassen es.

Halbschwanger gibt es nicht

Entweder Sie sind schwanger mit allem Drum und Dran oder nicht, dazwischen gibt es nichts. Darum immer die Überlegung, was man wirklich will und was nicht. Das ist leichter, als die meisten denken. Wichtig ist dabei, sich treu zu bleiben. Wenn Sie diesen Pfad verlassen, gehören Sie bald zu den Verlassenen.

Als Gewinner haben Sie nur eines im Kopf

Ist doch logisch, denn als Gewinner hat man nur den Sieg im Kopf und sonst ist für nichts anderes Platz. Wenn man dieses Prinzip verstanden hat, geht es einem besser und man erreicht mehr, dem Erfolg steht nichts mehr im Wege. Das Problem dabei sind leider die ekelhaften Glaubenssätze, die uns immer wieder aufs Neue sabotieren und das Leben unnötig schwer machen.

Sie fangen genau da an, wo die Erfolglosen aufhören

Das haben Sie sich fest auf die Fahnenstange geschrieben. Was anderes kommt überhaupt nicht infrage, ist zu vergessen. Dies für alle Zeiten, folglich geht der Blick nach vorne. Wenn Sie merken, dass was Sie gerade am Lernen sind, keinen Spaß bereitet, ist die Überlegung, ob es ein Sabotageakt des inneren Schweinehundes ist. Oder ist es von großer Relevanz? Klare Frage, mit der entsprechenden Antwort darauf.

Sie finden das Richtige für sich, in dem Sie es tun

Nicht vom Studieren und Rumbasteln funktionieren die Dinge, sondern durch die tatsächliche Umsetzung, das ist die Messlatte. Denn am Ende Ihres Lebens werden Sie nicht nach dem gefragt, was Sie alles tun wollten, sondern tatsächlich danach, was Sie geleistet haben.

Stillstand gleich Rückschritt

Denken Sie daran, wenn Sie stehen bleiben und die Welt sich rasend weiter dreht, geraten Sie automatisch in den Rückstand. Das können Sie sich nicht leisten, es aber mit Ihrem unermüdlichen Einsatz verhindern. Folglich ist es Ihre Pflicht alles daran zu setzen, dass Sie niemals in diese unglücksselige Spirale hinein geraten.

Das Leben geht in rasendem Tempo weiter

So schnell können Sie nicht schauen, wie sich die Dinge in einem immensen Tempo ändern, dies ist Evolution in Reinkultur. Sie können daran partizipieren oder versuchen sich dagegen zu wehren. Sie werden jedoch niemals mit solch einer Einstellung zu der Gewinnerseite gehören. Anpassung oder rausfliegen, ist das Thema. Wo sind die letzten fünf, zehn, fünfzehn Jahre geblieben? Ist dieser Zeitraum nicht schnell vorbei gegangen? Auch da mussten Sie schon mit der Zeit gehen und sich den Neuerungen anpassen.

Wir sehen das täglich an den Menschen, die keine Arbeit haben

Meistens sind es die Personen, die am wenigsten können und gelernt haben, sie dürfen in der Regel als Erstes gehen, wenn Firmen Personal abbauen müssen. Das ist bitter, da kann ich jedem nur empfehlen, lernen Sie, was das Zeug hält. Bilden Sie sich permanent weiter. Für jeden Berufszweig gibt es ein Weiterbildungsprogramm. Selbst wenn Sie keinen Beruf erlernt haben, kann man sich mit speziellem Wissen unentbehrlich machen.

Lernen ist keine Plagerei, sondern Freude

Wichtig dabei ist, dass man direkt aus dem Leben lernt. Es ist per se die beste Schule, welche wir uns aussuchen können. Richtig zu lernen, ist die Leichtigkeit des Seins. Aber was unser Schulsystem teilweise daraus gemacht hat, ist nicht besonders lebensbejahend.

Die Macht der Gewohnheit

Ich finde das eine schreckliche Krankheit. Weil die Dinge seit Langem so abgelaufen sind, werden sie in gleicher Manier weiter betrieben. Ob es einen Sinn gibt oder nicht, da muss man aufpassen. Wegen so etwas unter die Räder zu kommen, darf nicht geschehen.

Wir sind reine Gewohnheitstiere

Anpassung, Evolution, Veränderung ist niemals die Domaine der Menschen, hierbei tun wir uns besonders schwer. Dennoch ist es dringlich, da anzusetzen. Denn sonst bleiben wir ewig ein Spielball unserer selbst, eine schreckliche Vorstellung, die nur hindert.

Halten Sie die Gewohnheiten fest

Das ist der entscheidende Punkt, nicht mehr wundern, sondern festhalten. Wenn Sie Ihre Gewohnheiten festgehalten haben, bekommen Sie einen anderen Über- und Durchblick. Das beamt Sie in eine total andere Situation hinein. Ihre Gewohnheiten, wieso haben Sie diese und seit wann?

Ihre Gewohnheiten?	Wieso ist das so?	Seit wann?
1.) ______	______	______
2.) ______	______	______
3.) ______	______	______
4.) ______	______	______
5.) ______	______	______

6.) ______________ ______________ ______________

7.) ______________ ______________ ______________

8.) ______________ ______________ ______________

9.) ______________ ______________ ______________

10.) ______________ ______________ ______________

Ich weiß nicht, wie es Ihnen jetzt ergeht? Ich kann es nur von meiner Seite aus sagen oder von Lehrgangsteilnehmern, fast alle sind erstaunt, wie viele Gewohnheiten sie ihr eigen nennen. Erschreckend, was sich da alles ansammelt. Da gibt es Gute und natürlich weniger Gute, in der Regel unangenehm und behindernd. Denn die Gewohnheiten sind es, die uns das Leben schwer machen. Jetzt reduzieren Sie bitte das Ganze auf drei Gewohnheiten.

Ihre Gewohnheiten?	**Wieso ist das so?**	**Seit wann?**
1.) ______________	______________	______________
2.) ______________	______________	______________
3.) ______________	______________	______________

Je näher man an sein Wesentliches kommt, desto klarer und greifbarer wird es. Gewohnheiten in positive Aspekte umzuwandeln führt zum Erfolg. Da gilt es zu checken, was muss ich noch lernen? Wo klemmt es, welche Bereiche gilt es zügig umzustrukturieren, damit es zu meinem eigenen Wohl beiträgt. Nun halten Sie Ihre schlimmste Gewohnheit fest, um dann in die Veränderung zu gehen.

Ihre Gewohnheit?	**Wieso ist das so?**	**Seit wann?**
1.) ______________________	________________	______________

Auch hier wie bei allen anderen Aspekten, lösen Sie das, was naheliegend ist und den stärksten Einflussfaktor hat. Darauf können Sie dann alles andere aufbauen. Das ist der wunderschöne Traum einer ganzheitlichen Lebensweise, diese beflügelt und beseelt Sie.

Ihr Fazit: ____

Permanente Wiederholung

Leider glauben die meisten, einmal gehört reicht für das gesamte Leben - dies ist ein Trugschluss. Da kommt die alte Formel von „Einmal ist keinmal" zum Tragen. Wer ein Meister werden will, kommt um die Wiederholungen nicht herum, das können Sie drehen und wenden, wie Sie wollen. Das ist eine feststehende Größenordnung. Je schneller Sie das Prinzip verstanden haben, desto leichter geht es Ihnen dabei und damit.

Wie oft haben wir in der Schule alles wiederholt

Wahnsinn oder? Permanent, manchmal ohne Pause. Da wurde nicht danach gefragt, ob wir Lust hatten. Es wurde vorausgesetzt, dass wir dabei sind und das wurde dann auch gemacht. Mit einer Konsequenz, die wir danach fast nie wieder an den Tag gelegt haben. Das ist schade, denn so hätten wir es in unserem Leben schon wesentlich weiter gebracht.

Als Erwachsener habe ich das nicht mehr nötig

Na super, was ist denn das für eine komische Einstellung? Wo soll diese hinführen, klar ins Aus und niemals in den Gewinnerbereich hinein. Denken Sie dabei an die unzähligen Sportler, was machen die permanent? Was wohl, üben, üben, üben und nochmals üben. Bis zum Umfallen möchte man meinen. Und wozu das Ganze? Um vorne dabei zu sein und womöglich sogar die Goldmedaille zu gewinnen.

Kein Aufwand ist zu groß

Auf mich üben Sportler und Künstler eine große Faszination aus. Die sind von ihrer Kunst so beseelt, dass sie dem gegenüber alles zurückstellen. Ihr Ziel nimmt allerhöchste Priorität ein, alles andere verblasst und verschwindet im Nichts. Machen Sie es sich zur

Maxime, stets im maximalen Bereich unterwegs zu sein. Dadurch sind Sie imstande Höchstleistung zu erbringen. Bewegen Sie sich immer am Limit und darüber hinaus.

So auch in diesem Buch, mit den Wiederholungen

Ich habe bewusst diese Wiederholungen gewählt, damit Sie permanent an die dringlichen Elemente erinnert werden. Denn bis eine Veränderung endlich zum Tragen kommt, benötigt man eine Menge Geduld. Erst dann manifestiert es sich und führt Sie dorthin, wo Sie möchten. Dies ist jedoch kein sehr leichtes Unterfangen. Dazu muss man überdurchschnittlich unterwegs sein.

Wo fängt der Erfolgreiche an

Der Erfolgreiche fängt genau dort an, wo der Erfolglose aufhört. Das ist nicht irgendeine Floskel, sondern eine feststehende Größenordnung. Die meisten Menschen haben es sich zur Angewohnheit gemacht, Schwierigkeiten sofort aus dem Weg zu gehen. Das ist töricht, denn dadurch kann nie und nimmer eine Höchstleistung entstehen.

Go the extra mile

Das ist in Amerika eine geflügelte Aussage, etwas völlig normales. Wer mehr vom Leben möchte, gibt mehr hinein, so einfach ist das Spiel. Bei uns hat sich leider die krankhafte Mentalität breitgemacht, was können die anderen für mich tun. Das Schreien nach dem Staat, der alles für uns regeln soll, ist ein gefährliches Unterfangen. Einmal für den Einzelnen, der sich in die Abhängigkeit begibt und zweitens für das System. Denn irgendwann ist die permanent viel Milch gebende Kuh zu Tode gemolken, und was passiert dann?

Wenn Sie denken, Sie können nicht mehr, dann

Dann legen Sie nochmals eine Extranummer ein. Wenn Sie sich das zunutze machen, die berühmten 10% dazugeben, werden Sie gewinnen. Denn den Fleißigen gehört die Welt. Das finde ich auch schön, überdurchschnittlich unterwegs zu sein, schafft eine wesentlich höhere Zufriedenheit. Wie oft höre ich die Aussage „Ich kann nicht mehr" das dürfen Sie niemals denken. Die Botschaft lautet vielmehr, jetzt bin ich tatsächlich an einem Punkt angelangt, wo ich anfange etwas zu schwächeln. Das ist weiters nicht tragisch, ich mache jetzt noch eine halbe Stunde und dann geht das schon. Stellen Sie sich vor, Sie machen das jeden Tag, geben jeden Tag nur eine halbe Stunde dazu. Was passiert mit solch einem Engagement, über einen längeren Zeitraum hinweg? Ihre Welt verändert sich extrem zum Positiven. Lassen Sie es uns gemeinsam anschauen und ausrechnen, es ist echt spannend.

pro Tag	**0,5 Stunden**
pro Woche	**3,5 Stunden**
pro Monat	**14 Stunden**
pro Jahr	**182 Stunden**

Das ist gigantisch, was Sie bewegt haben. Jetzt schauen wir uns gemeinsam an, wie viele Arbeitstage 182 Stunden sind. Fast 23 Arbeitstage ist das nicht unglaublich, was hier geschieht, wenn wir täglich eine halbe Stunde mehr tun, als bisher.

Erfolgreiche sind zielorientiert

Das ist ihr Thema und daran halten sie sich, ohne mit der berühmten Wimper zu zucken. Für sie gibt es nur ein Vorne und nie mehr ein Zurückblicken. Das ist leider das Hobby von vielen Menschen geworden. Hinten ist die Vergangenheit und die sollte man lassen, wo sie ist. Sie diente uns zur Entwicklung, für das jetzige Leben. Frage dabei ist, wie positiv haben wir das gestaltet?

Wenn wir darüber sprechen, wird sich leider nichts ändern, denn vorbei ist vorbei. Also ist das Thema in aller Klarheit im „Hier und Jetzt" zu leben. Genau den Augenblick, als den wahren Moment zu genießen. Exakt in dieser Sekunde können Sie Entscheidungen treffen. Für die Vergangenheit ist es zu spät und für die Zukunft zu früh. Um dahin zu gelangen, wo Sie hin möchten, bedingt es heute einer Weichenstellung. Ein sich Reinknien und die Zukunft ist Ihnen gewiss, wie Sie es sich vorgestellt haben.

Gute Ausbildungsstätten

Ich werde oft gefragt, wo soll ich mich ausbilden lassen? Dies ist in der Tat kein leichtes Unterfangen. Zumal es immer mehr Anbieter auf dem Markt gibt. Das Wirrwarr wird immer größer und kein Ende in Sicht. Da gibt es gute Lehrer und wiederum andere. Sie investieren Ihre kostbare Lebenszeit und -energie, dazu noch Geld und davon oft nicht wenig.

Hier die einzelnen Schritte

Sie kennen ja bereits die Erfolgsstrategie. Da steht an erster Stelle nach wie vor das Ziel. Ich muss wissen, haargenau wissen, was ich will und was nicht. Hierzu notieren Sie bitte gleich die einzelnen Bereiche, in denen Sie sich in Zukunft bewegen möchten.

Was wollen Sie nie mehr?	Wieso ist das so?	Seit wann?
1.) ______________	______________	______________
2.) ______________	______________	______________
3.) ______________	______________	______________
4.) ______________	______________	______________
5.) ______________	______________	______________
6.) ______________	______________	______________
7.) ______________	______________	______________
8.) ______________	______________	______________

9.) ______________________ ________________ ______________

10.) _____________________ ________________ ______________

Es ist wichtig, sich hinzusetzen und alles aufzuschreiben, was man nie mehr möchte, das erleichtert einem das Leben. Endlich klar zu blicken, dazu bedarf es eines schriftlichen Festhaltens. Denn nur darauf kann man aufbauen, alles andere ist eine reine Farce. Wenn wir nun noch intensiver in die Tiefe gehen, ist es doch meistens so, dass wir vieles ständig wiederholen. Obwohl wir es bereits lange spüren, dass es nicht mehr dazu passt. Nehmen Sie nun Ihren Leuchtmarker und markieren Sie die betreffenden Stellen. Jetzt kommen wir zum nächsten Part. Was wollen Sie wirklich?

Was wollen Sie wirklich?	Wieso ist das so?	Seit wann?
1.) ______________________	________________	______________
2.) ______________________	________________	______________
3.) ______________________	________________	______________
4.) ______________________	________________	______________
5.) ______________________	________________	______________
6.) ______________________	________________	______________
7.) ______________________	________________	______________
8.) ______________________	________________	______________
9.) ______________________	________________	______________

10.) ____________________ ______________ ____________

Es gibt einige Dinge, die wir gerne tun und haben würden, aber es nicht schaffen. Das hindert uns an unserem Weiterkommen. Ich finde, das macht auf Dauer krank. Wieso muss man so durchs Leben gehen? Das ist doch eine schreckliche Ausgangsbasis.

Wie finden Sie die richtige Schule oder Ausbildungsstätte

Nachdem Sie jetzt wissen, was Sie nie wieder möchten und was Sie wirklich wollen, sind wir ein großes Stück weiter gekommen. Ein Traum nach diesem Schema vorzugehen. Es gibt nichts Schöneres, als Wahrheit und Klarheit sich selbst gegenüber. Belügen Sie sich nie wieder, es ist das Schlimmste, was Sie sich antun können. Beantworten Sie die folgenden Fragen mit Ja oder Nein.

1. **Ist es Ihnen egal, wie lange eine Ausbildung dauert?**

____

Das sollte es Ihnen bitte niemals sein, das wäre fatal. Leider tendiert Deutschland und manches europäische Land zu langjährigen Ausbildungen. Ich finde das gut für junge Menschen, die frisch aus der Schule kommen. Da ist es in Ordnung, wenn eine Ausbildung mehrere Jahre dauert. Jedoch für erwachsene Menschen, die seit Jahren im Berufsleben stehen, finde ich es eine Zumutung. Auch viele Studienlehrgänge an der Uni dauern zu lange. Das ist aus meiner Sicht ein künstliches Hinausziehen. Diese Zeit haben wir Menschen doch gar nicht. Wenn man sich bewusst ist, wie schnell das Leben vorbei zieht, sollte man sich solche Dinge ernsthaft überlegen. Passen Sie gut auf, wo und bei wem Sie sich anmelden. Denn je länger solche Geschichten dauern, desto mehr Frust kommt auf und die Chance, dass man aufgibt, ist groß. Darum gibt es jede Menge Abbrecher, wie die Leute genannt werden. Das ist keine schöne Variante, denn ein Mal aufgegeben, ist die Wahrscheinlichkeit groß, dass dieses Spiel fortgeführt wird.

Fazit: Weniger ist mehr, in der gesparten Zeit lernen Sie lieber weitere wichtige Bereiche dazu.

2. Ist es Ihnen gleichgültig, wer Sie unterrichtet?

Da gibt es die tollsten Dinge, ich finde das aufregend. Hier würde ich ein besonderes Augenmerk drauflegen. Wissen Sie, es ist schon ein Unterschied, wen Sie vor sich haben. Einen Vollprofi oder jemand der gerade von der Schule kommt. Ob viel Lebenserfahrung vorhanden ist oder nicht, da liegen Welten dazwischen. Über welche Reputation verfügen die Leute, die unterrichten? Haben diese überhaupt etwas zu sagen, etwas Großartiges auf die Beine gestellt? Sind diese bekannt?

Halten sie Vorträge, haben sie Bücher geschrieben? Wie ist deren Reputation. Für mich ist es von Bedeutung, dass die Leute nicht nur unterrichten, sondern auch sonst im Business stehen und viel bewegt haben. Denn darauf kommt es an, ob sie es umsetzen können. Hier wird natürlich der eine oder andere, der das liest als Lehrer, die Hände über dem Kopf zusammenschlagen. Oder das Prinzip von „Getroffene Hunde bellen!" Man könnte jedoch auch hingehen und das aus der ganzheitlichen Sicht sehen, von wegen „Stimmt, da müsste ich mehr tun" aber das machen die allerwenigsten. Die meisten halten lieber an ihrer alten Welt fest.

Fazit: Wenn Sie unsicher sind, geben Sie bei Google den Namen der Personen die unterrichten ein, z. B. „Max Mustermann" und zählen die Treffer. Sie werden erstaunt sein, die meisten sind überhaupt nicht gelistet. Ein klarer Indikator, aus dem Sie Ihre Rückschlüsse ziehen können.

3. Ist es Ihnen egal, ob die Schule selbst aktiv ist?

Viele Schulen und Ausbildungsstätten unterrichten aus sich selbst heraus, das heißt, jeglicher Bezug zur Praxis ist verloren gegangen. Da müssen Sie gut aufpassen, wenn Sie sich an solchen Institutionen unterrichten lassen. Denn zwischen Theorie und der gelebten Praxis, sind nach wie vor Welten dazwischen. Die Schulen darauf angesprochen, werden mit Vehemenz behaupten, dass man sich auf eine Sache konzentriert.

Ich bin der Meinung und erlebe das selbst Tag für Tag, wer in der Praxis steht, selbst als Schule noch ein Geschäft oder mehrere hat, ist wesentlich besser positioniert. Denn er weiß genau, was auf und im Markt passiert. Vor allem heutzutage, wo sich die Dinge zügig wandeln. Das Informationszeitalter hat ein Tempo mit sich gebracht, das gab es in dieser Form noch nie. Was heißt das für Sie? Schauen Sie nach und überprüfen Sie, was die Schule sonst noch für Aktivitäten aufweist.

Fazit: Checken Sie das Gesamtengagement der Schule und den Erfolg. Auch da testen Sie es mit der Internetpräsenz über Google und Sie haben in sekundenschnelle ein Ergebnis.

4. Ist es Ihnen egal, wie die Schulungsräume aussehen?

Da gibt es manchmal unliebsame Überraschungen. Ich empfehle Ihnen, schauen Sie sich das Ganze vorher an. Denn der Wohlfühlfaktor spielt doch eine nicht zu unterschätzende Rolle. Auch wenn einige Schulen sagen, dass das keine Rolle spielt, es um den Stoff geht. Bestimmt nicht, denn wenn man sich wohlfühlt, ist das bereits die halbe Miete. Das wird von den meisten unterschätzt.

Fazit: Schauen Sie sich die Räumlichkeiten vorher genau an.

5. Ist es Ihnen egal, ob mit Spaß, Freude unterrichtet wird?

Da gibt es Lehrer, wo ich denke, das Bestatterdasein würde besser zu ihnen passen. Kennen Sie solche Typen, stocksteif, bis zum geht nicht mehr. Eine Rolle spielend, als würde es um Leben und Tod gehen, keine menschliche Regung zeigen. Ich finde es furchtbar und schrecklich, um was geht es in erster Linie? Klar um die Menschen, welche zum Unterricht kommen. Was möchten diese, etwas lernen und dann mit Spaß, ist es eine wunderbare Krönung. Bei uns im Unterricht wird oft gelacht, denn es ist nachgewiesen, dass durch das Lachen und die Freude, der Stoff leichter verstanden und abgespeichert wird. Wieso kann man nicht einfach Mensch sein? Warum muss man als Erwachsener solch eine Rolle, oft des Unnahbaren spielen? Deswegen würde ich genau hinschauen, was für Leute mich unterrichten.

Fazit: Überprüfen Sie, wer Sie unterrichten wird. Es geht um Ihre Lebensfreude, Ihren Lernstoff, der Sie zum Erfolg bringen soll. Zudem kostet es meistens auch noch Geld.

6. Ist es Ihnen egal, ob Marketing dabei ist?

Ich hoffe nein, denn auf Ihr Marketing wird es ankommen, ob Sie Erfolg haben. In 98% der Schulen und sonstigen Institutionen, die unterrichten oder Studiengänge anbieten, ist Marketing ein Stiefkind. Genauso wie das Thema „Mentale Kraft!" Denn Siege und Erfolge werden im Kopf gewonnen. Leider wird das von fast allen ignoriert, das ist schade, hier werden wertvolle Chancen verpasst. Da bildet man die Menschen aus, schickt sie in die Freiheit und das war es. Als Ausbildungsstätte trägt man jedoch eine große Verantwortung. Ich bin dieser Situation nachgegangen und habe sie ergründet, wieso es dieses Phänomen fast überall gibt. Da die wenigsten selbst aktiv im Markt tätig sind und sich dem Wettbewerb stellen müssen, sind sie auch nicht gefordert. Dadurch werden dann theoretische Geschichten weitergegeben, aber nicht die wichtigen Marketinggesetze. Denn der Markt spricht eine eigene Sprache. Fehler und Missplanungen schlagen sofort zu buche, was heißt das für Sie? Passen Sie auf, wo und von wem Sie sich ausbilden lassen, egal in welche Richtung.

Fazit: Investieren Sie vor Ihrer Entscheidung ein wenig Zeit und überprüfen Sie, was Sie wollen. Wählen Sie bewusst die Ausbildungsstätte. Die Wahl entscheidet über Ihren Erfolg.

7. Ist es Ihnen egal, ob das Wissen zum Erfolg führt?

Vielleicht fragen Sie sich, was diese Frage soll, sie ist aber sehr wichtig. Sie haben sicherlich in Ihrem Leben schon Dinge getan, die nicht zum Erfolg geführt haben, davon gehe ich aus. Wie oft wollen Sie das wiederholen? Alles was Sie ab sofort anfassen, muss zum Erfolg führen. Es ist wie im richtigen Leben, da gibt es Firmen, die haben Erfolg und andere der gleichen Gattung, da läuft weniger als nichts.

Es geht wie immer, um die Feinheiten und Ihre Mitbewerber, seien es andere Betriebe, oder als Angestellter, Ihre Kollegen, jeder schaut, dass er einen sogenannten Wettbewerbsvorteil sein eigen nennen kann. Deswegen werden Sie nur dann eine Chance haben, wenn Sie weit vorne dabei sind. Der Markt und die Auslese ist gnadenlos, das wissen Sie. Was zählt ist die Leistung, welche Sie erbringen.

Fazit: Schauen Sie genau hin, hören Sie auf Ihr Gefühl. Dann fällen Sie eine Entscheidung, sobald Sie die wichtigsten hier erwähnten Parameter überprüft haben.

8. Ist es Ihnen egal, welchen Abschluss Sie erhalten?

Hier sagen fast alle Nein, im Gegenteil das ist mir sogar sehr wichtig. Da bin ich der selben Meinung wie Sie. Nicht der Abschluss ist entscheidend, sondern das, was Sie lernen. Leider legen hier vor allem in Deutschland die meisten riesigen Wert auf einen staatlichen Abschluss. Nach dem Motto „Nur, was staatlich besiegelt ist, hat einen Wert." Dies stimmt nicht, denn sonst müssten alle Firmen und Menschen die einen staatlichen Abschluss in der Tasche haben, sehr erfolgreich sein.

Dem ist jedoch nicht so. Um zu so einem Abschluss zu gelangen, bedingt es, dass Sie lange lernen müssen. Lernen Sie lieber in mehreren kleinen Einheiten, die unterschiedlichsten relevanten Themen in Ihrem Beruf. Lernen Sie Dinge, auf die es im Leben ankommt. Denn ab einem bestimmten Alter noch die Schulbank für Deutschunterricht oder für sonstige Fächer zu drücken, sollte das Thema in der Schule gewesen sein.

Fazit: Seien Sie hellwach, bei dem was Sie tun und lassen Sie sich niemals von anderen beirren, die glauben zu wissen, was für Sie gut ist oder nicht.

9. Ist es Ihnen egal, ob die Lehrer Vorlagen haben?

Das ist für mich ein Thema, es intensiver aufzugreifen. Sie glauben ja nicht, wie viele ablesen. Wer abliest, ist nicht richtig aktiv bei der Sache. Das ist schade und kommt oft vor. Vollprofis haben das nicht nötig, diese sind imstande frei von der Leber weg zu reden. Sicherlich haben Sie es schon erlebt, diese langweiligen Redner, die einfach keine Miene verziehen.

Entweder habe ich es in mir oder ich lasse es. Wenn Sie wieder einmal bei einem Vortrag sind, beobachten Sie die Menschen. Hier gibt es Redner, die faszinieren und die andere Fraktion der Ableser. Da schlafen etliche im Auditorium ein, unterhalten sich mit dem Nachbarn, beschäftigen sich mit dem I-Phone. Ich gehe oft raus, denn solch ein Redner ist eine Form von Körperverletzung. Das ist fast nicht auszuhalten.

Fazit: Nehmen Sie einfach an einer oder zwei Probelektionen teil. Dadurch erkennen Sie schnell den Stil und ob er Ihnen gefällt. Wenn ja, wunderbar, wenn nein gehen Sie sofort.

10. Ist es Ihnen egal, was es kostet?

Sicherlich nicht, nun denn, wie ist hier zu entscheiden. Billig oder lieber in einem höheren Preissegment? Diese Frage kann so einfach nicht beantwortet werden. Das hängt mit dem Inhalt zusammen, der Dauer, dem Veranstaltungsort u.s.w.. Da gibt es eine schöne Devise.

„Nutzen vor Preis!"

Es ist nicht die Frage, was es kostet, sondern was es bringt. Wenn Sie nach diesem Motto vorgehen, liegen Sie goldrichtig. Es geht klar um die Kompatibilität im Alltag. Die Dinge, die Sie sofort umsetzen können und damit auch Geld verdienen, denen sollten Sie höchste Priorität beimessen.

Fazit: Gehen Sie nicht nur nach dem billigsten Angebot Ausschau halten. Machen Sie einen Preis-Leistungsvergleich, es lohnt sich. Schauen Sie ganz genau hin und vergleichen Sie.

Viele Punkte, die es zu beachten gilt

Es lohnt sich, wenn Sie sich im Vorfeld ein paar Gedanken zu dem Thema machen. Da höre ich des Öfteren „Ach, das ist doch egal. Ich habe keine Zeit, lange rum zu schauen!" Na bravo, kennen Sie den Spruch, so wie man sich bettet, so liegt man?

Behalten Sie Ihre neue Strategie für sich

Leider ist die Welt mit Neidern bestückt, diese nehmen überhand, Neid auf alles und jeden. Anstatt selbst auf die Idee zu kommen, dass man etwas dafür tun könnte. Einem der Erfolg nicht geschenkt, respektive in den Schoss gelegt wird. Man dafür etwas tun muss, scheint vielen Menschen total verborgen zu sein, dafür haben die wenigsten einen Draht.

Schweigen ist Gold

Je weniger Sie anderen Menschen erzählen, desto weniger sind Sie irgendeinem dummen Geschwätz ausgesetzt. Viele Neider kommen aus den eigenen Reihen. Das sind oft die allergrößten Spezialisten. Einige dumme Sprüche kommen da zum Tragen, von wegen, dass man manches lassen sollte und vieles mehr. Wenn die anderen nichts von Ihren Vorhaben wissen, haben Sie Ruhe. Klar ist es traurig, denn man würde ja gerne kommunizieren. Aber was nützt es, wenn das in einem Bombardement endet. Das kann man sich tatsächlich schenken.

Freunde und Familie

Da sind oft die größten Spötter beheimatet, nehmen Sie sich in acht vor diesen Typen. Ich kenne das aus eigener Erfahrung und von unzähligen Teilnehmern, die Ähnliches berichten. Oft höre ich dann, dass man solche Dinge sehr wohl mit der Familie besprechen sollte, aber um welchen Preis bitte? Was haben Sie denn davon, eine moralische Unterstützung, das glaube ich nicht. Eher das Gegenteil davon, einen Vernichtungskrieg. Da kommen dann so kluge Sprüche wie „Schuster bleib bei deinen Leisten" und weitere in dieser Form.

Bleiben Sie dran

Das möchte ich Ihnen ans Herz legen, dranbleiben und nochmals dranbleiben, sollte es auch mal schwieriger werden. Nicht aufgeben oder langsamer werden, da gilt es erst recht voranzumachen. Das Thema heißt Gas geben und dadurch weitere Fakten schaffen.

Ihr Geist braucht absoluten Maximalismus

Mit Minimalismus machen Sie Ihren armen Geist krank. Also hüten Sie sich unbedingt davor. Gehen Sie immer hundertprozentig in die Vollen.

„Wenn nicht jetzt – wann dann!"

Das muss zu Ihrer Maxime werden, ist der springende Punkt. Ein Maximalist gibt Vollgas und bleibt auf dem Gaspedal. Minimalisten geben ab und zu ein wenig Gas und erschrecken gleich wieder, sodass sie eine Vollbremsung hinlegen. Aber dadurch kommt man in seinem Leben nicht weiter.

Ihre Erfolgs-Learningtabelle

Erfolg zu haben, ist das Schönste, was es auf dieser Erde gibt. Auch wenn das all die Menschen die keinen Erfolg haben, als Blödsinn abtun. Nun denn, Sie haben die Wahl, zu welchen möchten Sie gehören? Zu den Top-Leuten oder zur breiten Masse? Vielleicht sind Sie auch der Meinung, dass man so etwas nicht sagen sollte. Da kann ich Ihnen nur sagen „Sie haben aus Ihrer Sicht vollkommen recht."

Erfolg als messbare Größe

Nehmen wir das Beispiel, Sie hätten gerne ein Kind? Was müssen Sie da als Frau tun? Logisch, werden Sie sagen, ich suche mir einen Mann, schlafe mit ihm und warte, ob es geklappt hat. Sehen Sie, so einfach ist das Thema Erfolg. In dem Moment, wo Du weißt, was Du willst, kannst Du Dich voll und ganz darauf konzentrieren. Schritt für Schritt, gehst Du an die Umsetzung.

Schauen wir, was geschieht, wenn Sie strategisch lernen

Erfolgreiche machen nicht nur, dass sie gemacht haben, diese gehen gezielt vor, überlassen nichts dem Zufall. Daran sollten Sie sich ein Beispiel nehmen. Warten, wie es viele tun, das ist keine Tugend, ist töricht. Denn durchs Warten hat sich noch nie etwas getan. Nur durch die klare Zielsetzung, darauf folgend die Strategien und danach geht es nur noch um deren konsequentes Umsetzen. Nach dieser Methode schafft man sich seine neue Wirklichkeit. Eine Welt in der Sie sich wohlfühlen können.

Was geschieht, wenn Sie anfangen zu lernen

Sie überlassen nichts dem Zufall, gehen strategisch vor. Sie wissen als Erfolgreicher, oder auf dem Weg dorthin, dass die meisten total überschätzen, was sie in kurzer Zeit erreichen können. Viele meinen, wenn sie ein wenig mehr tun, dass dann die Post abgeht.

Aber von wenig, da kommt auch nur wenig oder sogar nichts. Im gleichen Atemzug unterschätzen fast alle was passiert, wenn man langfristig dran bleibt. Da kommen gigantische Ergebnisse heraus. Schauen wir es gemeinsam an, dann werden Sie es besser verstehen, wie wichtig es ist, nicht nur schnell zu lernen, sondern über Jahre hinweg.

Zeitraum	Masse	Profi	Vollprofi	Genie
Täglich				1
Monatlich		ca. 4x im Jahr	1	31
In einem Jahr	1	4	12	365
In 10 Jahren	10	40	120	3.650
In 20 Jahren	20	80	240	7.300

Otto Normalbürger

Lassen Sie uns die Tabelle anschauen, Otto Normalbürger besucht vielleicht einmal im Jahr eine Fort- und Weiterbildung. Das ergibt in zehn Jahren, zehn neue Dinge, welche erlernt wurden. Das sind in zwanzig Jahren, 20 neue Möglichkeiten. Nun könnte man sagen, immerhin. Besser als nichts, höre ich da häufig. Aber damit kommt man nicht weit, einige machen sogar gar nichts. Nach dem Prinzip „Hey, was wollt ihr, ich war doch neun Jahre in der Schule!" Mit dieser Einstellung braucht man sich niemals zu wundern, wenn dabei keine vernünftigen Ergebnisse erzielt werden.

Ein Profi

Besucht vier Mal im Jahr eine Fort- und Weiterbildung. Wie es das Wort ausdrückt. Geht es um „Fort" kommen und um „Weiter" gehen. Stillstand bedeutet Rückschritt, das kann kein Mensch auf Erden verhindern. Ferner ist in dem Wort das „Bild" enthalten. Das heißt, wir benötigen ein genaues Bild, wo es hingehen soll.

Sonst haben wir keine Chance und landen irgendwo, nur nicht da, wo wir hin wollten. Wenn wir jetzt das Ergebnis anschauen, vier neue Erkenntnisse pro Jahr, sind in zehn Jahren 40 neue Inputs. Nicht gerade viel, aber immerhin besser als die meisten. Das dürfte jedoch nicht die Frage sein, sondern was wollen Sie denn überhaupt? Wo soll Ihre Lebensreise hingehen? Wenn Sie das beantworten können, liegen Sie goldrichtig.

Ein Vollprofi

Hier fängt es an interessant zu werden, ist es spannend, erzielt tolle Ergebnisse. Ein Vollprofi geht jeden Monat auf eine Fort- und Weiterbildung. Oft finden diese am Wochenende statt. Das hat den Vorteil, dass man die Woche über normal seiner Arbeit nachgehen kann. Spätestens jetzt jammern die Normalos „Was, so viele Wochenenden, das geht unmöglich. Ich habe Familie und erholen muss ich mich auch!" Da bleibt einem nichts anderes übrig, als zu sagen „Kein Ahnung vom Leben und von der Erfolgsstrategie." Ich frage diese Leute immer, wie viele Wochenenden sie haben. Hier bekomme ich oft die Antwort, auch bei häufigem Zögern „52 Wochenenden!" Alles klar, jetzt lassen Sie uns kurz rechnen.

52 Wochenenden haben Sie jedes Jahr
12 Wochenenden benutzen Sie um zu lernen
40 Wochenenden bleiben noch übrig

Reicht das nicht, um rumzuhängen, sich mit der Familie zu beschäftigen? Oder werden an jedem Wochenende intelligente Dinge gemacht, dass man unmöglich darauf verzichten kann? Das kann ich mir nicht vorstellen. Wenn man die Zahl 40 anschaut, ist das viel und reicht bei richtiger Einteilung wohl aus. Es ist aber eine klare Frage der Priorität. Schauen wir jetzt das Ergebnis von einem Vollprofi an. Er lernt 12 neue Dinge in einem Jahr. Das sind in zehn Jahren, sage und schreibe 120 neue Aspekte. Im Gegensatz zu Otto Normalbürger kann der Vollprofi 110 Dinge mehr. Was denken Sie, wer mehr Erfolg haben wird? Logisch werden Sie sagen, der Vollprofi, der kommt viel weiter in seinem Leben.

Das Genie

Er sagt sich, mir ist das Leben viel zu wertvoll, ich habe noch unendlich viel vor. Habe keine Zeit, zum rumschnarcheln. Einmal im Monat etwas zu lernen, reicht mir nicht. Wozu erhalte ich jeden Tag 24 Stunden geschenkt, das ist so gigantisch. Immer eine Sekunde nach Mitternacht erhalte ich 24 neue Stunden, über die ich frei verfügen kann. Ich muss überhaupt nichts dafür tun, nichts dafür bezahlen. Nur leben und eine große Meisterleistung an den Tag legen. Das Genie lernt jeden Tag etwas Neues dazu. Das implementiert er sofort in sein Leben, wartet keine Sekunde. Das ergibt in einem Jahr 365 neue Inputs, in zehn Jahren sind das bereits 3.650. Was bedeutet das in der Konsequenz? Ein Genie ist soweit weg von all den anderen. Stellen Sie sich vor, Sie gehen so hoch motiviert durchs Leben, wissen Sie, wie gigantisch das ist?

Was empfinden Sie dabei

Wahnsinn oder, was das für Möglichkeiten sind? Es ist ein gigantischer Traum, was man mit der richtigen Einstellung und Strategie erreichen kann. Sie haben wie immer die Wahl, brauchen nur eine Entscheidung zu treffen. Das ist alles, nicht mehr und nicht weniger. Ein Traum und genau das sollten Sie sich in Ruhe überlegen und dann zu einer Entscheidung kommen.

Bitte keine Alibi- und Opferstorys

Von wegen ich habe keine Zeit, viel zu tun. Meine Kinder, mein Mann, meine Eltern, meine Schwiegereltern und noch weiteren Schwachsinn. Schenken Sie sich das ab sofort, das bringt Sie in Ihrem Leben nicht weiter. Wenn Sie sich bewusst gegen den Erfolg entscheiden, ist das völlig in Ordnung. Aber dann hören Sie bitte auf zu jammern, zu klagen, neidisch zu sein.

Ihr Leben ist das Allerwichtigste

Nehmen Sie das bitte zur Kenntnis, denn Sie haben Ihr Leben nur ein einziges Mal, außer Sie glauben an die Wiedergeburt, dann ist es eine andere Geschichte. Ich aus meiner Sicht bin mir da nicht so sicher, ob wir tatsächlich wieder kommen werden oder dürfen. Da ich es nicht weiß, beschäftige ich mich lieber jetzt um mein Dasein und mache daraus eine gigantische Meisterleistung, dass ich stolz auf mich bin. Abends nach getaner Tat voller Zufriedenheit und Dankbarkeit, den Tag abschließen kann.

Bitte denken Sie daran

Abends, bevor Sie ins Bett gehen, morgens, wenn Sie aufstehen und den lieben langen Tag über. Verleugnen Sie sich bitte niemals wieder. Sie schaden sich damit, wenn Sie sich missachten. Gehen Sie auf sich ein, gehen Sie sehr liebevoll mit sich um, stellen Sie sich in den Mittelpunkt. Behandeln Sie sich so, wie einen Mensch der Ihnen sehr sehr nahe steht. Das gibt Ihnen Kraft und Energie, die Sie für Ihren Erfolg dringend benötigen.

Ihr Dasein ist die Krönung

Die absolute Krönung sogar und genau so sollten Sie mit ihr umgehen. Wenn ich da bedenke, wie viele Menschen mit sich selbst umgehen, das ist grausam und schrecklich. Man schimpft mit sich auf übelste Art und Weise, missachtet die eigenen Bedürfnisse, liebt sich nicht aufrichtig, ist immer unzufrieden. Diese Dinge tut man nicht. Wenn ein anderer Mensch solch üble Spiele mit Ihnen spielen würde, würden Sie sich vehement dagegen wehren, das nie und nimmer dulden.

Arbeiten Sie ein Leben lang an sich

Das ist so wichtig, dass Sie genau jetzt eine Entscheidung treffen und sich felsenfest daran halten. Machen Sie Ihren klaren Ausbildungsplan und dann starten Sie damit, ohne nach rechts oder links zu schauen. Denn es gibt immer Besserwisser, die Ihren Weg kreuzen, und Sie davon abhalten wollen. Diese meinen es nur gut mit Ihnen, aber in Wirklichkeit meinen sie es nur gut mit sich. Denn wenn Sie sich verändern, könnte das äußerst unangenehm für diese Leute werden. Jeder Tag, an dem Sie mehr lernen wie die anderen, eröffnet Ihnen eine völlig neue Dimension Ihres wundervollen Daseins.

Wenn es klemmt, holen Sie sich einen Erfolgs-Coach

Oft ist es so, dass man alleine nicht alles bewältigen kann. Manchmal sieht man vor lauter Bäumen den Wald nicht mehr. Wenn dann noch eine gewisse Betriebsblindheit hinzukommt, ist es aus und vorbei. In solch einem Fall, holen Sie sich Hilfe, anstatt sich im Kreise zu drehen. Das ist die einfachste und schnellste Methode, zügig voranzukommen und vor allem die richtigen Entscheidungen zu treffen.

Sie holen sich doch auch sonst Hilfe

Ich bin erstaunt, wie schwer sich die Menschen damit tun. Es hat sich noch nicht manifestiert, dass man bei Erfolgsproblemen zum Erfolgs-Coach geht. Ansonsten ist unser Leben ja supergut durchorganisiert. Schauen wir uns einige Aspekte an.

- Zahnschmerzen = Zahnarzt
- Steuerprobleme = Steuerberater
- Knochenbruch = Orthopäde
- Auto defekt = Autowerkstatt
- Schulprobleme = Nachhilfe

Ich könnte noch weitere Beispiele aufführen. Für alles haben wir stets eine Lösung parat, nur beim Erfolg, oh Mann, da klemmt es einfach. Dabei kann Ihnen ein richtig erfolgreicher Coach zügig weiter helfen.

Die Menschen sind begeistert

Ich erlebe das oft bei meinen Erfolgs-Coachings, wie begeistert die Leute sind. O-Ton „Wenn ich das gewusst hätte, hätte ich es schon früher gemacht. Wie konnte ich nur so blöd sein und solange damit warten. Ich wusste es nicht, dass es das gibt, und als ich es erfahren hatte, war ich zu stolz. Als es schlimmer wurde, war es mir zu teuer. So habe ich kostbare Zeit meines Lebens verloren." Das sind die Aussagen, schade, wenn dabei die kostbare Lebenszeit, die wir leider nie mehr nach- noch einholen können, verstreicht. Was weg ist – ist weg, für alle ewigen Zeiten. Zeit kann auch nicht gekauft werden. Traurig, aber man kann es ja erfassen und sich danach richten. Dadurch geht es einem wesentlich besser und was noch wichtiger ist, man läuft nicht erneut in die Falle.

Was kostet ein top Erfolgs-Coach

Leider ist heute stark die sogenannte „Geiz ist Geil-Methode" verbreitet. Alles muss billig, billiger, am billigsten sein. Das mag bei manchen Produkten kurzfristig funktionieren, jedoch niemals bei Dienstleistungen. Bevor Sie nach dem Preis fragen, achten Sie auf folgende Aussage

„Nutzen vor Preis!"

Es ist nicht die Frage, was es kostet, sondern was bringt es, danach kommt der Preis. Das ist alles, so einfach und dennoch von den meisten nicht zu Händeln. Eine weitere Frage, die Sie sich unbedingt stellen müssen ist

„Kann ich es mir leisten – es mir nicht zu leisten!"

Wenn man etliche Dinge weiß, kommt man wesentlich besser voran. Der Erfolg ist in der konsequenten Umsetzung keine Frage mehr. Aber dafür muss man selbst die Einstellung geschaffen haben. Jetzt zur Frage, was bekommt ein guter Erfolgscoach? Die Preise fangen ab € 600,- die Stunde an. Je besser der Marktwert eines Erfolgscoaches ist, desto höher sein Preis.

Hier die wichtigsten Parameter für eine/n Top-Frau/Mann

Es gibt immer mehr Coaches auf dem Markt, denn Coaching ist

total booming. Das ist eine feststehende Größenordnung, immer mehr benötigen dringend Hilfe, kommen mit Ihren Problemen nicht alleine klar. Da einen Überblick zu behalten, ist fast ein Ding der Unmöglichkeit. Es gibt jedoch einige Parameter, wo Sie das schnell bewerkstelligen können. Schauen wir uns diese an. Sie helfen Ihnen klar zu blicken und die für Sie richtige Wahl zu treffen.

1. 20 Jahre auf dem Markt
2. Sehr erfolgreich
3. Vorträge haltend
4. Bücher schreiben
5. Mitarbeiter
6. Chemie muss stimmen

20 Jahre auf dem Markt

Was nützt Ihnen ein Anfänger, doch gar nichts. Im Gegenteil, da sind Sie das Versuchskaninchen. Hier höre ich des Öfteren „Ja, man muss doch jedem eine Chance geben!" Nun denn, wenn Sie dazu bereit sind, ich persönlich bin der Meinung, wenn ich Geld ausgebe, dann für einen hundertprozentigen Vollprofi. Jemand der schon lange auf dem Markt ist, viel Erfahrung hat und weiß, wie die Spiele laufen. Aber für mich bestimmt keinen Anfänger.

Sehr erfolgreich

Das ist der nächste Punkt, der zu beachten ist. Was nützt Ihnen ein Erfolgscoach der nur weiß, wie das Wort geschrieben wird, jedoch in seinem Leben noch nichts bewegt hat, keine Erfolge aufweisen kann. Die mögen Ihnen in der Theorie sagen, wie die Dinge laufen könnten. Die Praxis spricht aber eine andere Sprache.

Vorträge haltend

Ihr Erfolgscoach muss Vorträge halten, auch vor größerem Publikum. Das zeigt auf, dass er den Menschen etwas zu sagen hat. Es ist ein Unterschied, ob man als Coach vor einem großen Publikum auftritt, dieses fesseln kann, oder nur das sogenannte „One-to-One" Geschäft betreibt. Ein Vollprofi weiß sein Publikum zu begeistern.

Bücher schreiben
Ein Erfolgscoach muss etwas zu sagen haben, die Botschaften vermitteln können. Hier höre ich häufig „Ich muss nicht auch noch Bücher schreiben, es gibt bereits genug auf dem Markt!" Was ist das für eine Aussage? Dann erst recht, da schreibe ich endlich das Buch der Bücher, verschaffe mir damit eine Reputation.

Mitarbeiter
Das finde ich besonders witzig, da ist ein Coach, der erzählt dem anderen, seinem Kunden, wie man mit Mitarbeiter umzugehen hat, selbst beschäftigt er keine. Wie soll das funktionieren? Genau hier haben wir wie fast überall das Problem. Theorie ja, Praxis keine oder fast keine Erfahrung. Ich würde mich nie von jemandem coachen lassen, der keine Mitarbeiter hat.

Chemie muss stimmen
Das ist ein weiterer Punkt, wenn die Chemie nicht stimmt, können Sie es vergessen. Denn Sie werden intensiv zusammenarbeiten, da muss es zwischen Ihnen stimmig sein, Vertrauen aufgebaut werden, sonst erleiden Sie Schiffsbruch.

Sind das viele Dinge, die beachtet werden müssen

Das sieht im Moment nach unendlich viel aus, in der Tat sind es schlussendlich nur wenige Parameter, die es zu beachten gilt und die aber sehr wichtig sind. Es lohnt sich auf alle Fälle, genauer hinzuschauen. Denn wenn Sie Fehler machen, kostet Sie das richtig Geld, Ihr Geld. Können und wollen Sie sich das überhaupt leisten? Wie heißt es doch so schön

„Gut geplant, ist halb gewonnen!"

Weitere Check-Möglichkeit

Ein wunderbare Möglichkeit zu prüfen, ob jemand überhaupt einen Namen hat und viel in seinem Leben bewegen konnte. Gehen Sie zu Google, geben Sie ins Suchfenster den Namen ein, sofort sehen Sie, wie oft der Name ausgeworfen wird. Ich hatte Ihnen das bereits weiter vorne empfohlen. Machen Sie es und Sie werden erstaunt sein. Ich schaue regelmäßig nach und es ist definitiv unheimlich spannend.

Abschlusswort

Liebe Leser,

jetzt neigt sich unsere gemeinsame Reise dem Ende zu. Ich danke Ihnen, dass Sie mitgemacht und sich intensiv eingesetzt haben. Dass Sie sich mit der unendlich wichtigen Thematik auseinandergesetzt haben, was Ihnen sicherlich manchmal schwergefallen ist.

Jetzt beginnt Ihr größter Part, den der täglichen Umsetzung, da wird es erst recht sehr schwierig. Tag für Tag dran zu bleiben, sich durch nichts beirren zu lassen. Aufpassen, dass man nicht in die Komfortzone zurückfällt und damit auch der Macht des Alltags keine Chance lässt. Wenn Sie das wieder zulassen, haben Sie bereits im Vorfeld verloren. Da müssen Sie besonders auf sich aufpassen, sonst ist es zu spät, das ist grausam und schrecklich. Die Zeit läuft und eines Tages sind Sie alt, schauen zurück und müssen womöglich sagen „Hätte ich doch damals nur. Das soll jetzt alles gewesen sein?" Das wäre schade für Sie, denn Sie haben mit dem Kauf des Buches und mit lesen gezeigt, dass Sie ein ganz besonderer Mensch sind.

Achten Sie darauf, dass das Wertvolle nicht kaputt geht. Ein Diamant, wie Sie einer sind, will gepflegt sein. Weiterbildung als das größte Instrument für uns Menschen. Wir sind wirklich hier auf Erden, um uns zu entwickeln. Je höher die Weiterbildung ist, desto mehr kommen wir in Bereiche hinein, in denen es immer und immer gigantischer wird.

Machen Sie Ihren Fort- und Weiterbildungsplan und verfolgen Sie diesen in einer Konsequenz, die noch nie da war. Zeigen Sie nie wieder Schwäche, in keiner Form, sondern nur absolute Stärke. Je mehr

Sie trainieren, desto stärker werden Sie. Um so siegessicherer und damit auch unschlagbarer. Seien Sie sich dessen bewusst, in jeder Minute Ihres Daseins.

Richten Sie sich nach den Erfolgreichen. Dort spielt die Musik und nicht woanders. Wenn man endlich weiß, wo man exakt hin möchte, schaut man ganz genau darauf und nicht woanders hin. Fokussierung auf das Wesentliche und da sind Sie voll und ganz involviert.

Ich freue mich sehr, Sie eines Tages auf einem der wundervollen Veranstaltungen persönlich begrüßen zu dürfen. Vielleicht auch bei einem Coaching oder Sie lesen die wertvollen Bücher, die regelmäßig erscheinen, und hören die Hörbücher.

In diesem Sinne wünsche ich Ihnen von ganzem Herzen alles alles Liebe und Gute, auf Ihrem Lebensweg.

Herzlichst

Ihr Ernst Crameri

Meine und unsere Dienstleistungen

Da ich der Meinung bin, dass das Leben spannend und aufregend ist, habe ich mich nie mit einer einzigen Sache begnügt. Ich wollte immer wesentlich mehr tun und haben. Ein Mensch hat unendliche Fähigkeiten, darum gilt die Theorie von „Schuster bleib bei Deinen Leisten" schon lange nicht mehr. Vergessen Sie das, und man den erlernten Beruf beibehalten sollte, ist auch ein Ammenmärchen. Das Leben ist vielseitig und spannend, wenn wir etwas daraus machen. Deshalb freue ich mich sehr, Ihnen die verschiedensten Dienstleistungen vorzustellen. Gemeinsam mit meinem Team ist es unser Anliegen, Sie in Ihrer Weiterentwicklung zu unterstützen, Sie zu verwöhnen und dazu beizutragen, dass Sie ein wundervolles Leben auf Erden führen können.

Hier die Dienstleistungen nach alphabetischer Reihenfolge
Wählen Sie aus dem großen Leistungsspektrum und fragen Sie nach den Konditionen. Gerne sind wir für Sie da und beantworten Ihnen alle Fragen, denn glückliche und begeisterte Kunden sind unser Ziel.

- Bücher
- Einzelbehandlungen (Fitness/Wellness/Schönheit)
- Erfolgsproduzent und -coachings
- Events
- Hoteltesting
- Hörbücher
- Mystery X Tests
- Naturkosmetik-Produkte
- Privat-Jet
- Reisen

- Schönheitsfarm
- Seminare
- Vorträge

Bücher schreiben

Sie erhalten von uns Bücher, zu den verschiedensten Themen, rund um das Leben. Ebenso bieten wir Ihnen das Ghostwriting an. Das heißt, wir schreiben mit Ihnen und für Sie Ihr Buch. Ganz wichtig für Unternehmer, denn ein eigenes Buch schafft eine wunderbare Reputation. Wenn Sie ein neues Produkt auf den Markt bringen, ist es ideal, wenn Sie das passende Buch dazu anbieten. Als Fachmann zeigen Sie durch ein eigenes Buch eine hohe soziale Kompetenz.

Unsere Kunden, die sich von der Masse der Mitbewerber abheben wollen und damit einen anderen Nimbus erhalten. **Ärzte,** die ihre spezielle Behandlung publizieren. **Hotels,** die über ihr Haus mit besonderen Eigenheiten berichten. **IT-Firmen,** die etwas Neues entwickelt haben, weitere Firmen, quer durch alle Branchen und natürlich Privatpersonen.

Wieso Ernst Crameri: Weil er zurzeit bereits 67 Bücher geschrieben hat und weitere folgen. Weil er weiß, wie es in der Branche abgeht, welche besonderen Kenntnisse erforderlich sind, ein Buch zu schreiben und zum Erfolg zu bringen.

Einzelbehandlungen (Fitness/Wellness/Schönheit)

Wir leben nur ein Mal und unseren Körper nennt man auch den Tempel, in dem die Seele und der Geist wohnt. Damit der Organismus lange auf einem hohen Level funktioniert, ist es dringlich, dass wir ihn pflegen, für ihn da sind. Bei uns erhalten Sie Behandlungen von Kopf bis Fuß. Von intensiver Massage, über fernöstliche Behandlungen und den verschiedensten Spezialanwendungen. Näheres auf der Webseite www.wellness-einzelbehandlungen.de.

Unsere Kunden sind Menschen, die mehr für sich tun wollen. Den Zeitgeist klar erkannt haben, wie wichtig es ist, dass man sich behandeln und pflegen lässt. Vom jungen Menschen, bis hin ins höchste Alter hinein. Männer wie Frauen, die sich verwöhnen lassen.

Wieso Ernst Crameri: Weil er aufgrund der 39-jährigen Erfahrung einen riesigen Fundus an Wissen und Können mitbringt. Durch die Hotelberatungen und -tests weiß er auch, wie es läuft. Ein qualifiziertes Team an Behandlern wartet auf Sie.

Erfolgsproduzent – und coachings

Als Erfolgreicher ist eines wichtig, das Erfolgswissen weiter zu vermitteln und anderen Menschen zu helfen, zum Erfolg zu gelangen. Das ist in jeder Hinsicht eine wundervolle Aufgabe. Es gibt verschiedene Arten von Coachings, einmal vor Ort in den Firmen, dann am Telefon. Es geht mit täglichen und wöchentlichen Coachings los. Wenn eine Veränderung stattfinden soll, ist es dringlich, dass man dran bleibt. Denn die alten Gewohnheiten lassen sich nicht über Nacht über Bord werfen. Es ist stets ein längerer Prozess, ein Reifeprozess, der da stattfindet.

Wer sind die Kunden, von kleinen Kindern bis hin ins höchste Alter. Es sind einerseits Menschen, die die stärkende und beschleunigende Funktion des Coachings für ihre Entwicklung nutzen möchten oder Menschen, die Grundlegendes in ihrem Leben verändern möchten. Für die es so, wie bisher nicht mehr weiter gehen kann. Wichtig dabei ist der klare, eiserne Wille zur Veränderung. Von Einzelpersonen aus allen Schichten und Berufszweigen, bis hin zu großen Firmen.

Wieso Ernst Crameri: Weil er weiß, wie man aus Menschen Spitzenleistungen rausholt, diese mit einem Lachen und dennoch der nötigen Ernsthaftigkeit zum Erfolg führt. Erfolg ist kein Zufall, sondern planbar.

Events

Wir organisieren große Events, für die verschiedensten Veranstalter. Dabei übernehmen wir die komplette Dienstleistung der Lokationssuche, bis hin zum Catering und kompletten Handling, damit die Veranstaltung reibungslos abläuft. Unsere Erfahrung beruht auf der Organisation von vielen eigenen, wie auch Kunden-Events in der gesamten Welt. Viele Firmen vertrauen uns und lassen für ihre besten Mitarbeiter Incentives ausrichten.

Wer sind unsere Kunden, Firmen und Seminarveranstalter, die das Handling einem Profi überlassen. Genauso wie Einzelpersonen, die ein außergewöhnliches Fest, wie zum Beispiel Hochzeit, Geburtstag oder sonstige Festivitäten ausrichten.

Wieso Ernst Crameri: Events zu organisieren erfordert einen riesigen logistischen Aufwand, es sind viele Parameter, die zusammen spielen, damit es reibungslos über die Bühne geht. Ein qualifiziertes Team steht Ihnen mit Ernst Crameri während der Veranstaltung vor Ort zur Verfügung und managt den gesamten Ablauf.

Hotel- und Schiffstesting

Es gibt viele Hotels und auch Schiffe, die leider manchmal noch nicht ihre Performance erreicht haben. Sehr oft stimmt die Hardware komplett, jedoch die Software passt nicht. Beim Team, angefangen von der Direktion bis hin in die einzelnen Abteilungen, da klemmt es oft.

Wer sind unsere Kunden, von kleinen Hotels und Schiffen, bis hin zu großen Hotelketten und Reedereien. Alle Dienstleister, die bereit sind, eine höhere Wertschätzung den Kunden, den Gästen gegenüber aufzubringen und das Gast-Dasein auch entsprechend zelebrieren.

Wieso Ernst Crameri: Weil er 80% seiner Zeit on the way ist und dies fast immer in Hotels. Das hat ihn dazu bewogen, das Buch „Servicewüste Hotels“ zu schreiben, vollgepackt mit Tipps und Know-how. Ein Meisterwerk mit über 300 Seiten, geschrieben für den Gast als auch für den Hotelier und seine Mitarbeiter.

Hörbücher

Hörbücher als wunderbares Instrument, für die Fort- und Weiterbildung. Ideal beim Autofahren, als sogenannte rollende Universität, um neues Wissen zu erlangen. Ebenso beim Sport und auch im Alltag einsetzbar.

Wer sind die Kunden, von der Einzelperson bis hin zu Firmen, die für ihre Mitarbeiter die Hörbücher bestellen und verschenken. Oder sogar als Pflichtprogramm für das eigene Team einsetzen. Nur wer permanent trainiert, hat Erfolg.

Wieso Ernst Crameri: Weil er mit seiner Sprache voller Begeisterung, die Leute motivieren kann. Die Sprache und Ausdrucksweise muss fesselnd sein und die Zuhörer begeistern. Es muss im Gegenüber etwas ausgelöst werden. Ein sich Wiederfinden, um in die Umsetzung zu gelangen. Umso hilfreicher, wenn es in einer Sprache geschieht, die den Menschen eigen ist, keine hochakademischen Worthülsen, sondern Kommunikation auf Augenhöhe.

Mystery X Tests

Als Kunde in Geschäfte gehen und einkaufen, den Service, die komplette Dienstleistung zu überprüfen, um nachher die positiven wie negativen Seiten mit der Geschäftsleitung und dem Team zu analysieren. Danach in die Veränderung zu gehen, durch Training vor Ort.

Wer sind die Kunden, jeder der ein Geschäft hat und auf Servicequalität und Kundenzufriedenheit großen Wert legt. Denn die heutige Konkurrenzsituation ist riesig, wenn ein Kunde nicht zufrieden ist, geht er gleich. Dies gilt es zu vermeiden, und für die Kunden stets die allerbeste Leistung zu bieten.

Wieso Ernst Crameri: Weil er die Zusammenhänge schnell erkennt und die Firmen wieder in den positiven Mehrwertbereich für die Kunden führt. Jede Firma hat sogenannte Leichen im Keller, aber auch Goldadern. Erstere gilt es zu eliminieren und die Goldadern zu bergen, um Erfolg auf der ganzen Linie zu haben.

Naturkosmetik-Produkte

Herstellung und Vertrieb der eigenen Crameri-Naturkosmetik-Produktelinie, seit über 27 Jahren. Kein riesiges Sortiment, sondern ein straffes und hochkarätiges, für jeden Hauttyp. Spannend auch als White-Labeling, die Produkte erhalten das Etikett des Kunden und sind somit seine eigene Produktlinie.

Wer sind die Kunden, der Endverbraucher, welcher jeden Monat die Produkte für den persönlichen Bedarf bezieht. Schönheitsfarmen, Kosmetikstudios, Friseure, Masseure, Physiotherapeuten, Farb- und Stilberaterinnen, Fußpfleger, Fachgeschäfte und Hotels beziehen die Produkte. Bei White-Labeling handelt es sich um dieselben Kunden.

Wieso Ernst Crameri: Weil die Firma Crameri-Naturkosmetik GmbH seit 39 Jahren erfolgreich auf dem Markt ist, und Sie in ihr eien zuverlässigen Partner haben. Von der Produktion bis hin zur Vermarktung.

Privat-Jet

Ein absoluter Traum, in den Privat-Jet einzusteigen und dies ohne lange Kontrollen und Warten. Die Maschine steht bereit, die Triebwerke angemacht, Sie fahren an und wenige Minuten später befindet sich der Jet bereits in der Luft. Schneller und bequemer geht es nicht.

Wer sind die Kunden, Einzelpersonen, die schnell von A nach B müssen. Skiflüge nach St Moritz, zum Autorennen nach Monte Carlo, nach Sylt und weitere spannende Flüge. Firmen, die ihre besten Kunden oder Mitarbeiter zu einem Incentive einladen. Auch Privatpersonen, die das Besondere lieben.

Wieso Ernst Crameri: Weil die Firma seit über 29 Jahren in diesem Metier vertreten ist. Ernst Crameri ist in der Regel stets persönlich dabei und betreut die Gäste vor Ort.

Reisen

In die gesamte Welt, am meisten Kreuzfahrten auf Flussschiffen und auf den Weltmeeren. Mit wunderbaren Rahmenprogrammen, wie besonderen Ausflügen, Vorträgen und Seminaren. Ebenso exklusive 5* Hotels, auf der ganzen Welt.

Wer sind die Kunden, Einzelpersonen, die gerne auf den Events dabei sind und Firmen, die Incentivereisen für ihr Team und ihre Kunden durchführen. Die besondere Belohnung für außergewöhnliche Menschen.

Wieso Ernst Crameri: Weil er die schönsten und besten Schiffe persönlich kennt. Bei den Reisen meistens selbst dabei ist, sodass der direkte Kontakt gegeben ist. Und wenn er nicht dabei ist, gibt es perfekte Betreuung durch sein qualifiziertes Team.

Schönheitsfarm

Naturkosmetik-Schönheitsfarm, mit ganzheitlichen Behandlungen von Kopf bis Fuß. Damit Sie sich richtig schön verwöhnen und die Seele baumeln lassen können.

Wer sind die Kunden, Frauen, die sich etwas Besonderes gönnen und Männer. Diese sind immer stärker auf dem Vormarsch. Einzelpersonen buchen, genauso wie Frauen die ihre beste Freundin oder Mutter mitbringen, bis hin zu Vereinen und Firmen. Männer, die aufs Seminar kommen und die Frauen werden in der Zeit verwöhnt.

Wieso Crameri-Naturkosmetik: Seit 39 Jahren auf diesem Markt und auch in der Ausbildung im Beauty&Wellnessbereich tätig. Ein hoch qualifiziertes Team wartet auf die Gäste.

Seminare

Zum Thema Erfolg und alles, was damit zusammenhängt, ganzheitliche Rhetorik, Erfolgsdenken, Geldseminare, Ausbildungen zum Beauty&Wellness-Spezialisten, Erfolg im Internet, Social Media und vieles mehr.

Wer sind die Kunden, Einzelpersonen, die sich fort- und weiterbilden möchten. Firmen, die ihr Team zum Training und zur Ausbildung schicken.

Wieso Ernst Crameri: Durch Tausende von Schulungen und Seminaren, Top im Training und stets auf dem Laufenden. Ferner Mitglied bei der GSA, German Speakers Assoziation. Mit großer Leidenschaft und Begeisterung auf vielen Veranstaltungen dabei.

Vorträge

Spannende und fesselnde Vorträge vor kleinem und großem Publikum. Vorträge zu den verschiedensten Themen rund um das Thema

Erfolg, Durchhaltevermögen, Zielsetzung, Lebenswerke und zum kompletten Persönlichkeitsthema.

Wer sind die Kunden, Organisationen, die ihn engagieren, Verbände, Vereine und Firmen. All jene, die Idee, Gedanken, Innovationen zulassen und die Veränderung im heutigen Zeitalter bewirken möchten. Die den Weg schaffen wollen, in eine Welt des Erfolges. Ebenso offene Seminare, die von Ernst Crameri direkt durchgeführt werden.

Wieso Ernst Crameri: Durch die brillante Sprache und Ausdrucksweise, ein fesselnder Redner, welcher das Publikum begeistert. Sein Schweizer Akzent und Humor begeistert die Zuhörer im In- und Ausland. Vorträge in Rätoromanisch, Italienisch, Französisch, Hochdeutsch und Schweizer Deutsch.

Bei Fragen wenden Sie sich bitte direkt an

Crameri-Naturkosmetik GmbH
Mannheimerstr. 11b
67098 Bad Dürkheim
Tel. 0049-6322-5734
Fax 0049-6322-66071
E-Mail: Sekretariat info@crameri.de
Geschäftsleitung: gn@crameri.de
Website: www.crameri.de

Ein Auszug aus unseren Werken

Ein Millionär als Traumpartner

ISBN: 978-3-86689-000-8
19,80 € (D)

Fange endlich an zu leben

ISBN: 978-3-86689-001-5
19,80 € (D)

Wahrheit und Klarheit im Kosmetik- und Wellness-Institut

ISBN: 978-3-86689-002-2
19,80 € (D)

Horror - Eingewachsene Zehennägel

ISBN: 978-3-86689-003-9
19,80 € (D)

Gib niemals auf, sei kein Verlierer

ISBN: 978-3-86689-008-4
19,80 € (D)

Bist Du ein Mörder?

ISBN: 978-3-86689-004-6
19,80 € (D)

Bist Du ein Huhn oder ein Adler

ISBN: 978-3-86689-018-3
19,80 € (D)

Der unendliche Schmerz der Verlassenen

ISBN: 978-3-86689-009-1
19,80 € (D)

Servicewüste Hotels

ISBN: 978-3-86689-010-7
29,80 € (D)

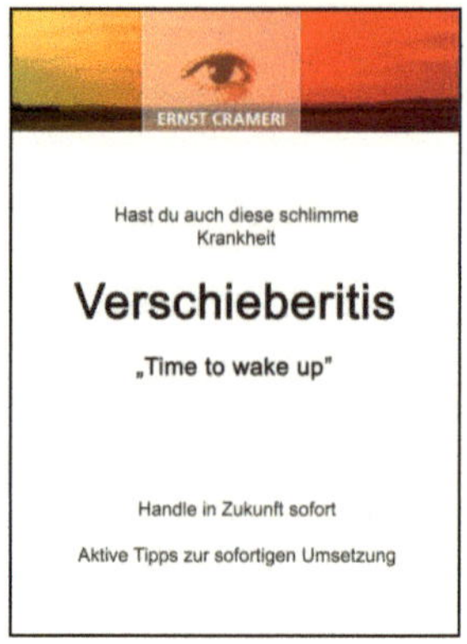

Hast Du auch diese schlimme Krankheit - Verschieberitis

ISBN: 978-3-86689-005-3
24,80 € (D)

Wieso hast Du so wenig Durchhaltevermögen

ISBN: 978-3-86689-006-0
19,80 € (D)

Höre endlich auf zu jammern

ISBN: 978-3-86689-022-0
19,80 € (D)

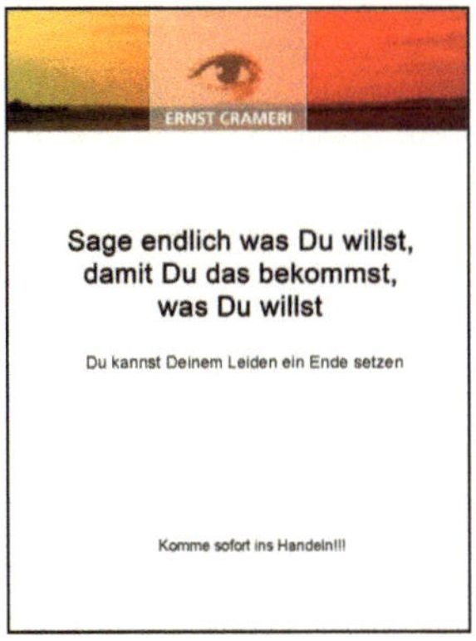

Sage endlich was Du willst, damit Du das bekommst, was Du willst

ISBN: 978-3-86689-014-5
19,80 € (D)

Sprich nie mehr negativ

ISBN: 978-3-86689-013-8
19,80 € (D)

Die 20 Erfolgsverhinderer

ISBN: 978-3-86689-021-3
24,80 € (D)

Alles hat seinen Preis

ISBN: 978-3-86689-0206
19,80 € (D)

Vita von Ernst Crameri

Ernst Crameri erblickte im Oktober 1959 in St. Moritz (Schweiz) das Licht der Welt. Er wuchs in einem einfachen Elternhaus auf. Als kleines Kind machte er meist das Gegenteil von dem, was von ihm erwartet wurde. Im Kindergarten und der Schule ging es oft rund. Als Heranwachsender machte er jeden Streich mit, und durfte dafür an freien Nachmittagen im Sommer Rasen mähen und im Winter zum Schneeschaufeln auf dem Schulhof antreten.

Sein Traum war, ein Leben im Reichtum. Prägend waren vier Schlüsselerlebnisse. Im Winter wollte er neue Skier und einen Skipass. Sein Vater konnte nicht beides kaufen. Da ging er mittags nach der Schule in ein Kohle/Holzlager. Dort schaufelte er Kohle und stapelte Holz. Dadurch konnte er sich mit 12 Jahren einiges leisten. Dieses Gefühl der Freiheit war für ihn gigantisch. Das zweite Erlebnis war in der Schule, wenn es galt einen 2 bis 3-seitigen Aufsatz zu verfassen. Er fand das super, und so wurden es meist Werke mit über 30 Seiten. Diese Aufsätze wurden vorgelesen und prämiert.

Sein Traum war Koch zu werden und so schickte ihn sein Vater nach Lenzerheide, zu einem Cousin, der einen Hotelbetrieb führte, in die Schnupperlehre. Gleich musste er als Koch einspringen und die Schikanen nahmen täglich zu. Als er das Zimmer mit weiteren Mitarbeitern teilen musste und sein erster Lohn aus dem Zimmer gestohlen wurde, ging es den Berg runter.

Sein Vater war begeistert, dass die Verwandtschaft aus Ernst einen lebensgerechten Menschen formt, ganz nach seinem Geschmack. Die Mutter war den Tränen nahe, als ihr Sohn die Lehre aufgab. Ernst griff zur äußersten Maßnahme und legte sich beim Unterricht mit dem Rektor an. Er flog im hohen Bogen von der Schule und damit war automatisch das Thema Kochausbildung beendet. Dies war das dritte Schlüsselerlebnis.

Danach begann er in St. Moritz in einem Sportgeschäft eine Lehre als Kaufmann. Der zweite Tag, kurz vor Feierabend brachte den Durchbruch. Da kam eine südamerikanische Familie ins Geschäft. (12 Personen) Das Oberhaupt sagte einen einprägsamen Satz „We need only the best" das kannte er bisher nicht. Nach gut einer Stunde war der Einkauf beendet und Ernst durfte an der Kasse eintippen, da stand die Zahl von CHF 128.000,00. Der Chef fragte ihn „Was schaust Du so?" Er zeigte auf die Kasse und da meinte der Inhaber „Daran wirst Du Dich gewöhnen!"

Das war für ihn eine neue Welt. Kurz darauf kam der Skilehrer, der die Familie gebracht hatte, ins Geschäft und bekam CHF 12.800,00 für die Vermittlung. In dem Moment war für Ernst klar, dass er den Weg gehen wird. Nach der Lehre verließ er das Sportgeschäft. Im Winter war es klar, den Weg als Skilehrer zu gehen. Die Überbrückung war das Thema, also was tun im Sommer und so arbeitete er eine Zeit lang als Hilfsarbeiter bei einer Dachdeckerei. Es war nicht der Traumjob, er brauchte aber Geld und damit wieder Unabhängigkeit. Der Versuch als Tennislehrer oder Golflehrer tätig zu sein, war von kurzer Dauer. Er heuerte bei einer Baufirma an. Wenige Tage später stellte ihm jemand ein Bein, obwohl niemand in seiner Nähe war und er rutschte den Hang herunter. Notarzt, Intensivstation und Therapie. Er ging ins Hallenbad zur Therapie. Dort freundete er sich mit einem der Therapeuten an und fand Gefallen an dieser Arbeit.

Er ließ sich zum Masseur und Therapeuten ausbilden. Sein Traum war, auch Kosmetiker zu sein. Das war zur damaligen Zeit ein Ding der Unmöglichkeit. Die Schulen wollten von einem Mann nichts wissen. Ergo sprach er mit einer Kosmetikerin und machte mit ihr ein Geschäft, sie bekommt regelmäßig Massagen und bildet ihn dafür zum Kosmetiker aus. Ernst war immer sehr schnell lösungsorientiert.

Im Winter war er als Skilehrer tätig. Morgens vor Skibeginn, fuhr er mit seiner tragbaren Massageliege von Villa zu Villa, von Hotel zu Hotel. Danach den Tag über Skiunterricht und abends wieder Massagen und Kosmetikbehandlungen.

Danach als Discjockey, bis frühmorgens. Kurz ins Bett und dann ging es wieder von vorne los. Im Sommer besuchte er seine Gäste im In- und Ausland. Abgeholt von Privatjets, auf Jachten, in Villen. Da verliebte er sich in die Tochter eines Industrieellen. Das fand der Vater nicht so gut. Einen Tag später musste er die Villa verlassen, das war ein herber Schlag in seinem vermeintlichen Erfolgsleben.

Dadurch verstand er, dass man nur reich ist, wenn man das Geld auch selbst in den Händen hält. Als Masseur, Kosmetiker, Skilehrer und Discjockey hatte er ein vierfaches Einkommen. Entsprach aber nie dem Einkommen seiner Gäste, die ihn als Skilehrer zum Beispiel zum Mittagessen einluden. Das kostete gleich mal CHF 600,00, und wenn er als Skilehrer essen ging, waren es gerade CHF 8,00! CHF 800,00 waren sein Monatslohn, das hat ihn sehr beschäftigt.

Für den Sommer hatte er für Australien einen Vertrag als Austauschskilehrer in der Tasche. In der letzten Woche lernte er eine Frau aus Deutschland kennen, die später seine Ehefrau wurde. Er hat es nicht übers Herz gebracht, wegzufliegen und stornierte den Vertrag. Er pendelte einige Jahre zwischen Deutschland und der Schweiz hin und her. Da er nicht als Angestellter arbeiten wollte, startete er mit der Selbstständigkeit als Masseur/Kosmetiker. Um überhaupt Fuß zu fassen, lief er von Haustüre zu Haustüre und klingelte. Ab und an ließ ihn jemand herein und so baute er sich einen kleinen Kundenstamm auf. Um sich stärker zu etablieren, engagierte er sich als Dozent an der Volkshochschule, beim Hausfrauenbund, bei Vereinen/Verbänden. Dadurch gelangte es ihm schnell, sich einen soliden Kundenstamm aufzubauen.

Später kam ein Haus der Schönheit hinzu, die ersten Schönheitsfarmen, eine eigene Naturkosmetik-Produktelinie. Permanente Fort- und Weiterbildungen im In- und Ausland. Er hat in der Schweiz die Chance erhalten, als Referent und Ausbilder für Gesundheitsberufe tätig zu sein. Das machte ihm viel Spaß vor Menschen zu stehen und sie zu lehren. Immer mehr Coachings kamen dazu, Trainings, Seminare und so baute er verschiedene Geschäftszweige auf. Sein größter Wunsch ist dank ganz viel Fleiß und Durchhaltevermögen in Erfüllung gegangen, für andere Menschen da zu sein und ihnen den Weg des Erfolges zu zeigen. Mit zurzeit über 67 Büchern, circa 200 Seminartagen und unzähligen Coachings ist er für die Menschen da. Sein großes Credo „Es gibt ein Leben vor dem Tod!"